本书为证据科学教育部重点实验室成果

中国法庭科学

司法鉴定标准问题研究

王旭 著

中国政法大学出版社
2025·北京

声　明　1. 版权所有，侵权必究。
　　　　2. 如有缺页、倒装问题，由出版社负责退换。

图书在版编目（CIP）数据

中国法庭科学/司法鉴定标准问题研究 / 王旭著.
北京：中国政法大学出版社，2025.4. -- ISBN 978-7
-5764-2016-6

Ⅰ. D926.04

中国国家版本馆 CIP 数据核字第 2025PC9965 号

出 版 者	中国政法大学出版社
地　　址	北京市海淀区西土城路 25 号
邮寄地址	北京 100088 信箱 8034 分箱　邮编 100088
网　　址	http://www.cuplpress.com（网络实名：中国政法大学出版社）
电　　话	010-58908441(编辑部) 58908334(邮购部)
承　　印	保定市中画美凯印刷有限公司
开　　本	880mm×1230mm　1/32
印　　张	8.25
字　　数	200 千字
版　　次	2025 年 4 月第 1 版
印　　次	2025 年 4 月第 1 次印刷
定　　价	39.00 元

本书为教育部人文社会科学规划项目
（批准号：2022-22YJA820022）；
中央高校基本科研业务费专项资金资助；
司法鉴定管理标准化理论与实践研究
（司法部公共法律服务管理局）委托课题

自 序

随着法律科技的迅速发展，法庭科学/司法鉴定活动变得活跃而重要，事实认定科学化使得鉴定意见在法庭上受到重视。人们对法庭科学/司法鉴定技术充满着期待，期待它能够揭示事实真相，并为侦查、审查起诉、司法审判以及公共法律事务提供强有力的支撑，同时在惩戒犯罪、定分止争、公证仲裁等活动中发挥不可替代的作用。

为了保障法庭科学/司法鉴定的质量，世界各国均开展了实验室的认证认可、鉴定人员的资格准入以及法庭科学标准与标准化建设。显然，法庭科学/司法鉴定技术与其他技术一样，需要加强标准与标准化工作。

我国的法庭科学/司法鉴定领域，在经历长期的标准建设后，目前已然形成了较为完备的技术方法标准群，解决了司法实务中的"度量衡"问题。与此同时，标准的问题也渐渐出现，如技术方法落后、交叉重复、基础与管理标准欠缺等，影响了鉴定标准的公信力及权威性。另外，在现阶段，法庭科学/司法鉴定标准的突出问题还显示在如何构建与改进我国法庭科学/司法鉴定标准体系上，以科学合理地制定相关标准并强化对标准实施的监督。

近年来，随着《中华人民共和国标准化法》的修订以及《司法鉴定标准化工作指南》的发布实施，法庭科学/司法鉴定标准与标准化迈入了新的发展阶段。伴随着法庭科学/司法鉴定领域的技术进步，新的理论、新的技术出现，迫切需要技术标准的加持。在这个背景下，本书旨在对法庭科学/司法鉴定标准问题进行较为系统的研究。包括系统梳理法庭科学/司法鉴定标准的定义，介绍国际上、国内外标准化组织的基本情况；从法律视角下对法庭科学/司法鉴定标准予以分类；从司法实务的角度，统计梳理我国司法鉴定标准应用的情况与问题；分析域外法庭科学标准体系建设的突出特点；以标准层级理论为框架，借鉴 ISO 21043 国际法庭科学系列标准，提出我国法庭科学/司法鉴定标准体系建设的设想。本书内容多元，期待能为我国的法庭科学/司法鉴定标准建设研究者与工作者展现法庭科学/司法鉴定的丰富内涵与现代理念，对中国的法庭科学/司法鉴定标准体系建设有所裨益。

本书首次尝试以法庭科学/司法鉴定的常见专业为区分，分别统计各专业现行有效的标准方法，并以案例的方式，展现标准的具体应用模式，期待给予读者较为直观的标准应用场景。

本书的出版得到了教育部人文社会科学规划项目（批准号：2022-22YJA820022）及中央高校基本科研业务费专项资金的大力支持，在此表示衷心的感谢。本课题注重理论梳理与创新，力争厘清概念、展现问题和思路，以使理论界、鉴定实务界和标准制定、修订部门获得切实有效的成果。本人期待，本书能够为法庭科学/司法鉴定标准建设提供参考，也能够为我国法庭科学/司法鉴定事业的发展作出一定的贡献。

感谢教育部给予的项目支持。

感谢中国政法大学证据科学研究院（证据科学教育部重点实验室）提供的研究平台。

感谢法大法庭科学技术鉴定研究所的全体同仁在司法鉴定领域的耕耘。

感谢我的学生,陈子文、张文强、张洺睿。

感谢我的家人孙红军先生,以及爱女孙佳诺。

由于时间和水平有限,错误和疏漏在所难免,敬请批评指正。

目 录

第一章 不容忽视的问题 ··· 001
第一节 法庭科学/司法鉴定的中外演变 ····················· 002
1.1 概述 ·· 002
1.2 多视角下谈法庭科学/司法鉴定的领域分类 ············ 006

第二节 法庭科学/司法鉴定审视 ······························ 009
2.1 重要而有风险 ··· 009
2.2 用"标准"对法庭科学活动予以规范 ··················· 011
2.3 标准是法庭科学质量三角的组成部分 ················· 011
2.4 法庭科学监管中的标准需求 ···························· 013

第三节 法庭科学/司法鉴定标准研究的趋势与实务 ······ 015
3.1 国内外理论与实践 ······································· 016
3.2 重点研究内容 ··· 017
3.3 案例与思考 ·· 023

第二章 概念梳理与分类 ··· 027
第一节 基本概念 ·· 027

1.1 标准 ……………………………………………………… 027

1.2 标准化 …………………………………………………… 029

1.3 法庭科学标准 …………………………………………… 030

1.4 司法鉴定标准 …………………………………………… 031

第二节 法律需求视角下的法庭科学/司法鉴定标准分类 ……… 032

2.1 鉴定程序标准 …………………………………………… 033

2.2 鉴定实施标准 …………………………………………… 033

2.3 鉴定审查标准 …………………………………………… 034

2.4 鉴定适用标准 …………………………………………… 034

第三节 标准属性视角下的法庭科学/司法鉴定标准分类 ……… 035

3.1 基础标准 ………………………………………………… 035

3.2 技术标准 ………………………………………………… 036

3.3 管理标准 ………………………………………………… 036

3.4 法庭科学标准体系 ……………………………………… 037

第四节 行业管理视角下的司法鉴定执业分类规定 …………… 041

第五节 法庭科学/司法鉴定标准的价值与意义 ………………… 049

5.1 概括与引领作用 ………………………………………… 049

5.2 伦理价值与意义 ………………………………………… 050

5.3 理论与实务作用 ………………………………………… 051

第三章 法庭科学标准化组织概览 ……………………………… 053

第一节 域外组织 ………………………………………………… 054

1.1 美国法庭科学标准化组织 ……………………………… 054

1.2 英国 ……………………………………………………… 056

1.3 澳大利亚法庭科学标准化组织 …………………… 057
　　1.4 加拿大法庭科学标准化组织 ……………………… 059
　第二节　区域与国际组织 …………………………………… 060
　　2.1 区域法庭科学标准制定组织 ……………………… 060
　　2.2 欧洲法庭科学联盟 ………………………………… 060
　　2.3 主要的国际标准化组织 …………………………… 061
　　2.4 国际标准化组织国际法庭科学标准体系 ………… 063
　第三节　我国法庭科学标准组织与标准体系 ……………… 064
　　3.1 中国法庭科学标准的管理部门 …………………… 064
　　3.2 中国法庭科学（刑事技术）标准的体系建设 …… 066
　　3.3 中国司法鉴定标准的体系建设 …………………… 067

第四章　《标准化法》的启示 …………………………………… 070
　第一节　《标准化法》解析 ………………………………… 070
　　1.1《标准化法》概述 ………………………………… 070
　　1.2《标准化法》视角下我国法庭科学标准的问题 … 072
　第二节　《司法鉴定标准化工作指南》的审视 …………… 075
　　2.1 行业缺乏标准化指南性文件 ……………………… 079
　　2.2 相关制度缺失，令出多门 ………………………… 080
　　2.3 缺乏标准争议解决机制 …………………………… 080
　　2.4 未详细规定法律责任 ……………………………… 081
　第三节　我国法庭科学/司法鉴定体系建设的缺陷 ………… 082
　第四节　《标准化法》对我国法庭科学标准建设的启示 … 083
　　4.1 以《标准化法》的要求开展建设 ………………… 083

  4.2 建立"政府授权，行业主导"的标准化
    管理模式 ………………………………………… 084
  4.3 建立健全标准体系或者标准综合体 ……………… 085

第五章 法庭科学标准与证据法学的衔接 ……………… 088
 第一节 证据法学概述 ……………………………………… 088
  1.1 证据法学的主要概念 ……………………………… 091
  1.2 证据法学的主要研究内容 ………………………… 093
 第二节 科学证据可采性标准 …………………………… 095

第六章 美国 PCAST 法庭科学报告《刑事司法中的法庭科学：确保形态特征比对方法的科学有效性》及启示 … 099
 第一节 PCAST 法庭科学报告概述 ……………………… 099
 第二节 概念梳理 ………………………………………… 103
  2.1 有效性 ……………………………………………… 103
  2.2 可靠性 ……………………………………………… 103
 第三节 PCAST 法庭科学形态特征比对方法可靠性的
    评判标准 ………………………………………… 104
  3.1 法庭科学特征比对方法需要可靠性的评判标准 … 104
  3.2 关于法庭科学特征比对方法的有效性
    和可靠性之评判标准 …………………………… 105
 第四节 我国法庭科学/司法鉴定方法（标准）有效性规定 …… 106
  4.1 对标准方法的要求 ………………………………… 106
  4.2 标准方法的选择、验证和确认 …………………… 108
附录：标准方法的选择、验证和确认程序 ………………… 108

第七章 管中窥豹：12348 中国法网司法鉴定案例库的标准应用统计 ······ 112

第一节 概述 ······ 112
第二节 结果与分析 ······ 113
2.1 案例库中各门类、各鉴定领域案例总数量 ······ 113
2.2 各省、直辖市上传案例的鉴定领域 ······ 115
2.3 规范性文件（标准）使用情况 ······ 116
第三节 建议 ······ 120

第八章 法庭科学标准的层级理论与应用 ······ 123
第一节 质量与标准的关系 ······ 123
1.1 鉴定质量控制概述 ······ 123
1.2 鉴定质量的影响因素 ······ 124
第二节 标准层级化理论 ······ 127
2.1 通用级标准 ······ 129
2.2 指南级标准 ······ 130
2.3 流程级标准 ······ 130
2.4 技术性标准 ······ 132
第三节 思考与启示 ······ 133
3.1 我国法庭科学标准层级 ······ 133
3.2 标准层级理论的现实意义 ······ 134
3.3 推行法庭科学/司法鉴定的过程管理 ······ 136
3.4 制定统领性标准 ······ 137

第九章　基于现场的法庭科学/司法鉴定证据分析标准 ··· 139

第一节　国际法庭科学学科分类与《悉尼宣言》················ 139
1.1 国际法庭科学学科分类 ······························· 141
1.2 《悉尼宣言》产生背景 ······························· 141
1.3 法庭科学七项基本原则 ······························· 142

第二节　《悉尼宣言》框架下法庭科学/司法鉴定
解释性标准架构 ······································ 143

附录：法庭科学/司法鉴定证据分析标准 ···················· 143

第十章　鉴定意见可靠性审查标准的构建 ················ 151

第一节　鉴定意见可靠性分析标准的构建 ············· 153
1.1 司法鉴定机构的资格要求 ··························· 154
1.2 司法鉴定人员的资格要求 ··························· 158
1.3 必备仪器设备的要求 ································· 163
1.4 司法鉴定/法庭科学标准方法的要求 ············ 166
1.5 不属于鉴定的事项 ····································· 166

第二节　鉴定意见可靠性举证方法 ······················ 166
2.1 鉴定意见可靠性内涵 ································· 166
2.2 鉴定意见可靠性分析要点 ··························· 168
2.3 鉴定意见书可靠性审查要点 ······················· 169
2.4 不具有可靠性的鉴定意见 ··························· 170
2.5 应当补充鉴定或重新鉴定的情形 ················ 171

第三节　鉴定意见作为审判证据的质证方法 ········· 172
3.1 鉴定意见的质证方法 ································· 172

  3.2 法庭科学标准在鉴定意见质证中的应用 …………… 173

第十一章　我国法庭科学/司法鉴定标准争议问题 ……… 175
第一节　我国法庭科学标准交叉重复问题 ……………… 175
第二节　加拿大标准争议解决机制 ……………………… 180
第三节　我国法庭科学/司法鉴定标准争议解决机制的框架 …… 182
  3.1 流程 ……………………………………………… 182
  3.2 以《标准化法》为框架的建议 …………………… 184

第十二章　现行有效法庭科学/司法鉴定标准与应用 …… 187
第一节　法医类鉴定标准的具体应用 …………………… 187
  1.1 法医病理学标准目录 ……………………………… 187
  1.2 法医病理学案例应用（节选） …………………… 188
  1.3 法医临床学标准目录 ……………………………… 193
  1.4 法医临床鉴定案例应用（结合法医精神病
    精神智能检测） ………………………………… 194
  1.5 法医精神病标准目录 ……………………………… 202
  1.6 法医精神病案例应用 ……………………………… 203
  1.7 法医物证标准目录 ………………………………… 206
  1.8 法医物证现行有效（涉认证认可）常用标准目录 … 208
  1.9 法医物证鉴定案例应用 …………………………… 209
第二节　毒物类鉴定标准的具体应用 …………………… 213
  2.1 法医毒物鉴定标准目录 …………………………… 213
  2.2 毒物类鉴定案例应用 ……………………………… 224

第三节 物证类鉴定标准的具体应用 …………………… 226

3.1 交通事故鉴定常用标准目录 …………………… 226

3.2 交通事故鉴定案例应用（节选）………………… 228

3.3 文件鉴定标准目录 ……………………………… 232

3.4 文件鉴定案例应用 ……………………………… 233

3.5 微量物证鉴定标准目录 ………………………… 235

3.6 微量物证鉴定案例应用 ………………………… 237

第四节 声像资料鉴定标准的具体应用 …………………… 239

4.1 声像资料与电子数据鉴定（常用）标准目录 …… 239

4.2 声像资料及电子数据鉴定案例应用 …………… 241

第一章
不容忽视的问题

　　标准问题是世界性难题,为各国司法界所广泛关注。美国国家研究委员会(National Research Council)在2009年发布了《美国法庭科学加强之路》[1],文中指出美国法庭科学存在一些突出的问题(其中非常重要的是技术标准问题),并呼吁要发展比指南(Guideline)更具有强制执行力的法庭科学特殊标准。2015年12月17日,我国《国务院办公厅关于印发国家标准化体系建设发展规划(2016—2020年)的通知》(国办发〔2015〕89号)发布,着力推动实施标准化国家战略,加快完善标准化体系建设。由此可见,加强标准建设也将是法庭科学技术发展的重要任务。

　　标准问题事关司法鉴定意见的质量。现代科技使司法鉴定活动多元化与复杂化,鉴定标准成了司法鉴定质量控制的手段之一。与此同时,在以审判为中心的诉讼制度改革中,对抗制庭审的策略带来了庭审的实质化,使得司法鉴定标准成为法庭采信科学证据的重要依据。在对鉴定意见进行质证时,诉讼参与人的策略之一就是运用鉴定标准提出质疑。近年来,随着我国推进标准

---

[1] National Research Council, Strengthening Forensic Science in the United States: A Path Forward, Washington, DC, 2009.

化国家战略,学界、实务界对法庭科学/司法鉴定标准问题的关注也日益加深。域外资料如2016年美国总统科学技术顾问委员会报告等,都在强调技术鉴定标准在庭审中的重要性。

国际标准化组织(International Organization for Standardization, ISO)于2012年成立了法庭科学技术委员会(代码ISO/TC 272),自2017年开始研制及颁布法庭科学系列国际标准(International Standard ISO 21043-1, Forensic Sciences Part 1:Terms and Definitions),目前已颁布3项,而相关工作还在继续推进。2021年10月10日,中共中央、国务院印发了《国家标准化发展纲要》,将标准视为我国国家质量基础设施(National Quality Infrastructure, NQI)的重要方面和经济社会发展的技术支撑。该纲要提出,要完善刑事执法等领域安全标准网,实施公共安全标准化筑底工程。2021年10月14日,公安部集中发布了100项公共安全行业标准;12月7日,司法部发布《司法鉴定标准化工作指南》等35项行业标准;等等。应该说,标准问题正成为全球法庭科学/司法鉴定领域研究的热点问题。

第一节 法庭科学/司法鉴定的中外演变

1.1 概述

法庭科学(Forensic Science)作为独立的学科,起源于20世纪20年代,它运用自然科学和社会科学的原理和方法,研究解决法律中涉及事实认定问题的科技方法与手段。目前,在美国与欧洲,已有20余所院校开设了法庭科学课程。法庭科学是为法庭提供技术支持与服务的综合性学科群。

近年来,法庭科学/司法鉴定学在我国迅速崛起,它具有以下特点：①案件量迅猛增加。2018年全国完成司法鉴定业务已达230余万件[1]。近年，鉴定业务继续保持增长趋势，并向高品质、高质量的方向发展，呈现鉴定类型多元化趋势。中国司法鉴定的参与主体不断丰富。②法庭科学/司法鉴定学科建设蓬勃发展。法庭科学/司法鉴定属于问题导向性学科。在2022年新版研究生教育学科专业目录中，法医学成为一级学科。[2]2023年，复旦大学成立法庭科学研究院[3]。同样在2023年，多所政法类高校如华东政法大学、甘肃政法大学、山东政法学院等开设司法鉴定学本科专业。③研究对象广泛，涉及人体、组织器官以及各种生物学检材，涉及的物体包括文书、电子数据、各种物证和痕迹以及环境等。④检验对象具有复杂性。检材有时候是微量、痕量的，有时候是混杂的或陈旧的。⑤有多学科特征。以法医学和物证学两大主要分支领域为突出代表。⑥对科学技术以及逻辑推理有着强烈的依赖性。⑦以标准化和过程控制来保障法庭科学产品质量。

　　随着科技进步，在司法实务领域，法庭科学不但切中要害，而且事关当下。本书作者作为实务部门的工作者，既感觉到法庭科学的重要性，又感觉到在工作中"如履薄冰"：我们都期待用法庭科学服务社会，但要恰如其分地使用它却不是一件容易的事情。因为，我们不仅扮演着"发现者"的角色，有时还要扮演"裁判者"的角色，而后者是可怕的。为规范法庭科学/司法鉴定

---

[1]《2018年全国完成司法鉴定业务230多万件 再创历史新高》，载https://baijiahao.baidu.com/s?id=1622240220344507879&wfr=spider&for=pc，最后访问日期：2024年6月4日。

[2]《新增12个一级学科！新版研究生教育学科专业目录来了》，载http://edu.sina.cn/2022-09-15/detail-imqmmtha7404314.d.html，最后访问日期：2024年6月4日。

[3]《复旦新成立研究院，打造法庭科学研究平台和队伍！》载http://news.fudan.edu.cn/2024/0413/c31a140013/page.htm，最后访问日期：2024年6月4日。

工作者的行为，保证科学性与法律性的统一，法庭科学标准在其中起到了桥梁、纽带以及路径的作用。

说到法庭科学/司法鉴定，其英文词汇均为"forensic science"，较早时期翻译为"刑事科学"，也有"法科学"的叫法。在国内，法庭科学/司法鉴定一般是指与司法有关的技术科学，包括法医学、物证学、声纹电子数据以及刑事侦查专业中各门技术学科。

法庭科学一词中的"forensic"的含义是"法庭的"，法庭科学慢慢地演变为专业名词，在欧美国家广泛使用。《牛津英语词典》将其定义为是一种将科学技术与方法用于法庭调查相关事件的应用学科。英美法系国家一般将这样的活动称为法庭科学。这类学科的大部分情况都与专家证人的活动有关，在英美法系国家，专家证人的诉讼活动通常由当事人自行启动，且由当事人认可的专家来完成。当然，启动方也包括检方——检察官、警方——警官。当专家的工作结果被作为证据提交法庭后，专家需要出庭作证，通过法庭辩论来确定专家资格和专家提供的证据能否作为定案的根据。

过去，我国理论界一直使用司法鉴定学的概念，较少应用法庭科学的概念，目前两个词汇则均在使用。中国政法大学证据科学研究院率先召开了第七届"证据理论与科学国际研讨会"，分为证据理论和法庭科学两个分会场。

法庭科学/司法鉴定是自然科学和法学相交叉的学科，基于法律的需要而诞生。法庭科学的内容范畴有广义和狭义之分。广义的法庭科学包括现场勘查、取证，各种痕迹物证检验，电子数据、毒物和毒品检验，各种法医学检验（尸体、活体和物证）以及精神病学鉴定等；狭义的法庭科学则不包括法医学尸体检验、临床检验和精神病学鉴定。我国目前法庭科学/司法鉴定的发展，运用的是广义法庭科学/司法鉴定的分类方法，其包含的学科多种多样，且仍在动态发展之中。

根据《全国人民代表大会常务委员会关于司法鉴定管理问题的决定》，司法鉴定是指在诉讼活动中鉴定人运用科学技术或者专门知识对诉讼涉及的专门性问题进行鉴别和判断并提供鉴定意见的活动。

根据《全国人民代表大会常务委员会关于司法鉴定管理问题的决定》，国家对主要的司法鉴定业务（鉴定人和鉴定机构）实行登记管理制度。目前我国实行登记管理制度的司法鉴定类别为"四大类"，包括法医类、物证类、声像资料类、环境损害类。登记管理之外的类别，即"四类外"，还包括司法会计、建设工程、知识产权、产品质量、文物、估值、农业七个方面业务。

仅就"四大类"业务而言，法医类鉴定包括法医病理鉴定、法医临床鉴定、法医精神病鉴定、法医物证鉴定和法医毒物鉴定；物证类鉴定包括文书鉴定、痕迹鉴定和微量鉴定；声像资料类鉴定包括声音鉴定、图像鉴定、电子数据鉴定；环境损害类鉴定包括环境污染或破坏行为造成的损害鉴定。

司法鉴定学是与司法鉴定不同的概念，司法鉴定学课程一般在政法类高校讲授，被认为是法学门类下诉讼法学的分支学科，也属于证据法学的分支学科。司法鉴定学同时于2023年获批为法学门类下本科专业之一。

在公安类院校，法庭科学技术类别归属刑事科学技术一级学科门类下，公安类院校没有司法鉴定学的学科与专业，其更强调法庭科学、刑事科学技术等。

在我国，法庭科学与司法鉴定是两个内涵外延相接近的概念。在"标准"领域，两者基本对等并可互换，前者偏重于"围侦查"阶段的标准，后者偏重于"围审判"阶段的标准。在国外，则统一用"forensic science"一词指代。本书所指的法庭科学/司法鉴定标准，通指于侦查、起诉、诉讼活动中所应用的技术标准，概念上互为涵盖。

1.2 多视角下谈法庭科学/司法鉴定的领域分类

如前所述，按照研究对象的不同，司法鉴定可分为法医类鉴定、物证类鉴定、声像资料类鉴定及环境损害类鉴定。有学者认为[1]，目前国内法庭科学/司法鉴定领域，按照其管理部门同时考虑质量管理的特征，还可以如下方式分类：一是以《司法鉴定/法庭科学机构认可领域分类》（CNAS-AL13：2019）文件为代表的实验室认可分类；二是以《公安机关刑事技术机构资质认定专业领域分类表》及《公安机关鉴定机构登记管理办法》为代表的公安系统分类；三是以2019年司法部、生态环境部发布的《环境损害司法鉴定执业分类规定》及2020年司法部发布的《法医类司法鉴定执业分类规定》《物证类司法鉴定执业分类规定》《声像资料司法鉴定执业分类规定》为代表的司法系统分类（见表1-1-1）。

表1-1-1 国内司法鉴定领域分类比较

专业	实验室认可分类（1）	公安系统分类	司法系统分类
法医病理	死亡原因鉴定、死亡方式判断、致伤物推断3项	在（1）的基础上，增加死亡时间推断、损伤时间推断	在（1）的基础上，增加器官组织法医病理学检验与诊断、死亡时间推断、损伤时间推断、成伤机制分析、医疗损害鉴定和其他

---

[1] 高俊薇等：《司法鉴定领域分类和能力范围表述的国内外比较研究》，载《刑事技术》2021年第1期。

续表

专业	实验室认可分类（1）	公安系统分类	司法系统分类
法医人类学	种属、性别鉴定，身高、骨龄推断4项	与（1）比较，无骨龄推断，为年龄推断	与（1）比较，骨龄推断放在法医临床中
法医临床	损伤程度、伤残程度鉴定等5项	与（1）比较，缺少男子性功能、视觉功能、听觉功能评定	与（1）比较，增加赔偿相关鉴定，嗅觉功能鉴定，前庭平衡功能鉴定，性侵犯与性别鉴定，诈伤、诈病、造作伤鉴定，医疗损害鉴定，骨龄鉴定和其他
法医物证	人类血液（斑）、精液（斑）种属试验，常染色体STR及性别检测等6项	增加血型检验	个体识别、三联体亲子关系鉴定、二联体亲子关系鉴定、亲缘关系鉴定等9项
毒品毒物	气体毒物类、挥发性毒物类、合成药毒物类等10项	在理化检验领域下，有11个毒物+2个毒品和易制毒化学品项目，增加体内毒品、军用毒剂	毒品和易制毒化学品区分为2项，增加与毒物相关的其他法医毒物鉴定
法医精神病	/	1类	精神状态鉴定、刑事类行为能力鉴定、民事类行为能力鉴定等9项
文书	笔迹、印章印文、印刷文件、特种文件等7项	与认可分类一致	与（1）比较，增加文件形成方式鉴定、文件材料鉴定、基于痕迹特征的文件形成时间鉴定、基于材料特性的文件形成时间鉴定、文本内容鉴定；缺少模糊记载

续表

专业	实验室认可分类（1）	公安系统分类	司法系统分类
微量物证	油脂及残留物、火灾现场助燃剂残留物等17项	在理化检验领域下，增加常见酸性腐蚀剂	化工产品类鉴定、金属和矿物类鉴定、纺织品类鉴定、文化用品类鉴定、食品类鉴定等11项
录音	语音同一性鉴定等3项	与（1）比较，增加语音人身分析、噪音分析、载体和器材鉴定3项	与（1）比较，增加录音内容分析、录音作品相似性鉴定
图像	图像真实性（完整性）鉴定等4项	与（1）比较，增加载体和器材鉴定	与（1）比较，增加图像作品相似性鉴定、特种照相检验
录像	/	1项	/
电子数据	电子数据的提取、固定与恢复3个分领域	3个分领域相同，但细分15项	电子数据存在性鉴定、真实性鉴定、功能性鉴定、相似性鉴定4项
照相	红外照相、紫外照相等4项	与（1）比较，增加可见光照相	（特种照相在图像鉴定中）
其他	/	环境损害鉴定、交通事故鉴定、心理测试、警犬鉴别	环境损害司法鉴定

注1：公安系统分类、司法系统分类增减情况均以实验室认可分类为基础数据；"/"代表无此分类。

注2：此分类表格部分引自高俊薇等：《司法鉴定领域分类和能力范围表述的国内外比较研究》，载《刑事技术》2021年第1期。

鉴定领域分类是管理部门开展监管，鉴定机构和人员开展鉴定业务、满足鉴定委托方需求的基础性工作。国内公安系统分类侧重于刑事案件的侦办，司法系统分类侧重于各类诉讼活动的多样化需求，实验室认可分类则侧重于条件成熟、适合开展能力评价的项目。[1]

国内几种主要分类方法自身的项目之间存在依据不同标准开展分类的情形。痕迹、毒品毒物、微量物证领域大体都是按照检验对象开展分类；而声像资料类、电子数据类鉴定则以鉴定目的划分标准类型；还有同时使用鉴定目的和鉴定对象开展分类的，如法医物证领域。

2019年、2020年，司法系统陆续出台了环境损害[2]、法医类[3]、物证类/声像资料类司法鉴定执业分类[4]的规定，分类更为细致。法医临床鉴定中的男子性功能、视觉功能、听觉功能单独列为3项，车辆痕迹鉴定划分出车体、轮胎、整体分离、车速等多项。在分类时一般需要考虑鉴定技术本身的成熟度、标准方法的情况。

第二节 法庭科学/司法鉴定审视

2.1 重要而有风险

当今时代，没有科学证据作为基础，法庭审判难以进行。在美国，刑事和民事诉讼当事人广泛使用专家证言（即鉴定意见）。

---

[1] 高俊薇等：《司法鉴定领域分类和能力范围表述的国内外比较研究》，载《刑事技术》2021年第1期。

[2] 《司法部、生态环境部关于印发〈环境损害司法鉴定执业分类规定〉的通知》。

[3] 《司法部关于印发〈法医类司法鉴定执业分类规定〉的通知》。

[4] 《司法部关于印发〈物证类司法鉴定执业分类规定〉〈声像资料司法鉴定执业分类规定〉的通知》。

有研究显示，美国86%的刑事和民事诉讼审判中使用了专家证言（也就是鉴定意见）。可以说，在科学上具备严格性同时也能被理解的法庭科学，对刑事、民事司法体系至关重要，后者是法庭科学的"消费者"。因此，司法鉴定意见也被称为公共法律服务产品。

鉴定意见对司法系统确保庭审公正性、维护法治也具有重要意义。它保障没有实施犯罪的无辜者不被认定为有罪，而将那些实施犯罪的人绳之以法，对伤害他人带来的不良后果予以赔偿或补偿，以此对社会产生更广泛的积极影响。对于刑事法律界，这不但切中要害，而且事关当下，目前绝大多数严重犯罪案件，都要提交一种或更多类型的法庭科学证据或者司法鉴定意见书。

但与此同时，科学新成果带来的风险也是前所未有、难以想象的。技术变化的速度和复杂度向所有技术领域的人提出了挑战，法庭必须使被采纳的证据获得足够的确信，即必须有充分可靠的科学依据。然而，研究表明，某些类型的法庭科学从业人员能力水平存在严重不足，导致法庭科学证据的可靠性受到质疑。正如《美国法庭科学加强之路》中提到的[1]，除了细胞核DNA分析技术，还没有其他法庭科学方法被严格地证明有能力一致性地、具有高度确定性地表明证据和特定人员或者来源之间有关系。面对人们对科学证据的不断质疑，2016年9月，美国总统科学技术顾问委员会为了回应总统奥巴马对于法庭科学科学性的提问，发布了《刑事司法中的法庭科学：确保形态特征比对方法的科学有效性》报告，回应了民众对法庭科学形态特征比对方法科学性的关注，推动形态特征比对方法从经验走向科学，避免司法错案。需要注意的是，这个报告的关键词"方法"即法庭科学标准。

---

[1] 王旭、张洺睿：《法庭科学/司法鉴定意见的可靠性问题研究》，载《中国司法鉴定》2023年第3期。

2.2 用"标准"对法庭科学活动予以规范

公众对法庭科学的信心强化了法律体系运行的公正性。影视作品中越来越多地出现大量关于犯罪题材跌宕起伏的剧情,法庭科学工作者依靠复杂精密的技术手段,还原事实真相,揭露犯罪。然而现实中,法庭科学/司法鉴定活动就像一个黑洞,为大众所不知。

我们应该如何确定它的科学有效性?许多学者支持引入"可靠性检验",一遍又一遍地复述美国联邦最高法院在"Daubert v. Merrell Dow Pharmaceuticals"案中的判决,即满足以下条件的可靠性检验标准:①一项理论或技术是否能被(且已被)检验;②该理论或技术是否已受到同行评议并发表;③就一项特定技术而言,已知或潜在的错误率是多少,以及是否有对该技术操作进行控制的标准;④该理论或技术在相关科学界内是否有"普遍接受性"。这四项指标中的第二项和第三项与法庭科学标准有关。

在法庭科学领域,一般认为,建立在实验基础上的学科(如法医 DNA),一般而言其科学性的程度要高于依靠专家解释(如法医精神病学)的学科。在依靠专家解释的学科范畴之内,与指纹痕迹分析相关的技术比文件书写时间检验的科学性要强。我们自然而然地会优先选择具有更为严格的科学方法的技术,也就是有标准方法支撑的技术。显而易见,加强法庭科学/司法鉴定标准研究是十分重要的,司法鉴定意见作为证据的一种,若想证明其有证明力,则需要以标准的方式进行,即证实其为同行评议的结果,或以发表文章提供数据支持对法庭科学结果予以解释,并让法庭能够理解领会。

2.3 标准是法庭科学质量三角的组成部分

科学进步已经改变了调查、起诉犯罪(尤其是严重犯罪)的方法。刑事司法体系中的各类工作人员，都面临着跟上技术发展、理解我们面前证据的相关性与价值的挑战。通过提高以科学作为支撑的法庭科学的质量，以确保鉴定意见的可靠性，是迎接挑战的法宝。

说到鉴定意见的可靠性，现实中，主要依靠实验室开展的质量管理来确保。

国际公认的法庭科学质量控制基于"质量三角"（quality triangle）理念，即法庭科学机构、人员、方法所获得的第三方认证认可与标准化活动（详见图1-2-1）。法庭科学/司法鉴定机构需遵循《检测和校准实验室能力的通用要求》（ISO/IEC 17025：2017）和《司法鉴定/法庭科学机构能力认可准则》（CNAS-CL08：2018）等法庭科学认证认可文件以及依据具体标准的要求，开展实验室认可以及资质认定活动，其中标准与标准化是非常重要的一环。在认证认可的过程中，技术标准依然是重要的内容。《中华人民共和国认证认可条例》第2条规定，认证是指由认证机构证明产品、服务、管理体系符合相关技术规范、相关技术规范的强制性要求或标准的合格评定活动。[1]

实验室认可

△

人员准入　　标准与标准化

图1-2-1　法庭科学质量三角[2]

---

[1]《中华人民共和国认证认可条例》第2条。

[2] Linzi Wilson-Wilde, "The International Development of Forensic Science Standards—A Review", *Forensic Science International*, Vol. 288, 2018, pp. 1-9.

由图 1-2-1 可知，认证认可活动主要从人员、机构评审的角度出发，因为二者具有较为宏观的视野。标准或标准化则瞄准操作指南、检验方法等内容，更为关注操作方法和技术等下游的细节。认证认可活动围绕机构、人员、方法三个要素，共同构成"质量三角"，确保产品和服务的可靠性，实现合格评定的目标。

以美国、澳大利亚、英国为代表的引领标准研究的西方国家，目前高度重视法庭科学"质量三角"理念，通过第三方对法庭科学机构、人员、方法的认证认可来提高鉴定意见的可靠性，而这一切均离不开标准的支撑。国际标准化组织、美国国家认可委员会（ANAB）、澳大利亚认可委员会（NATA）、欧洲认可合作组织（EA）等已经发布了一系列标准和指南，用来加强法庭科学分析过程，确保减少甚至消除错误风险。

2.4 法庭科学监管中的标准需求

综观司法鉴定领域，司法鉴定的基础包括进行鉴定所依据的自然科学知识、原理以及运用自然科学知识的技术方法。科学知识是通过自然科学技术方法的应用而发展得出的知识总体。鉴定人的自然科学方面技能种类繁多，各种自然科学知识在司法鉴定中的应用形成了包括法医临床学、法医病理学、文件检验学、声纹与电子数据检验、微量物证检验等学科，而在实践中运用的技术则主要有医学技术、生物技术、显微技术、光谱技术、色谱技术等。随着科学技术的不断发展，新技术会逐渐被应用到鉴定领域解决新的专门问题，同样，随着一门新技术的产生到来的又是一些需要解决的新的专门性问题，科学技术的发展使专门知识与专门问题具有互动性。涉及面如此广泛的司法鉴定领域难以用任何单一学科的知识来涵盖，并且随着诉讼实践和科学技术的发展,该领域会不断地被新知识更新和填充,专门知识与专门问题范围也在不断地扩展,因此"专门知识和技能"也具有多样性、广泛性、拓展性特征。

经验作为实践的结果和产物,就是人们积累的经验知识和经验技能。经验反映事物发展过程中的现象,有感性经验和理性经验之分。前者不仅包括感觉、知觉,而且也包括运用判断、推理的形式表述出来的经验事实的知识。后者是指各种具体科学中的经验系数、经验公式和经验定律等。法庭科学/司法鉴定总要在一定程度上依赖于鉴定人的专业水平和经验,专业水平是鉴定的决定因素,但我们也不能忽视职业经验对鉴定的影响。在某些鉴定中,鉴定意见的专门知识是建立在经验知识的基础上的,例如笔迹鉴定和足迹鉴定。如果只是通过书本掌握了关于笔迹鉴定和足迹鉴定的科学原理而没有相应的从业经验,据此作出的鉴定意见的可信度也是值得怀疑的。

法官与律师一般而言欠缺科学专业知识,因此需要依赖专家,期待法庭科学专家完成揭露"科学真相"的任务,但同时又要防范技术人员的不负责任和错误,于是,需要对过程进行监管。

法庭科学监管可以确保贯穿司法体系的法庭科学始终"处于合理的科学标准体系下"。法庭科学/司法鉴定水平至少要在最基础的水平线上,监管应当确保法庭科学/司法鉴定完成专业认证,保证质量和安全的下限。任何违反规则的行为都会被严肃处理与对待,这是我国司法鉴定管理部门所遵循的。"法庭科学体系"包括研究与实务,它面临着棘手的事实认定难题,行业通过对法庭科学/司法鉴定的标准建构,来满足道伯特(Daubert)"可靠性检验"四要素的要求,而如果特定的学科有了稳健的、通过了同行评议的技术标准作为支撑或背书,该专业的证据一般就会易于获得可靠性的检验。

第三节 法庭科学/司法鉴定标准研究的趋势与实务

近年来,国内学者开始从规范专业操作的角度研究标准,从质量视角认识标准,强调在法庭科学技术标准制定过程中坚持体系建设,以避免后续标准在使用中的被动,显示出在法庭科学/司法鉴定理论研究方面,对鉴定标准定位的逐步清晰。

现阶段,司法鉴定标准问题的研究重点是强化通用性标准的研究,包括物证保管链、不确定度评估与测量、认知偏差（cognitive bias）等,以及加强标准间协调性的研究。探索建立司法鉴定从业者职业道德规范和人员教育培训标准及合规管理标准也是研究重点。

司法鉴定服务于诉讼活动,涉及双方当事人权益以及社会公共利益,其公信力建设至关重要。鉴定作为司法活动的重要组成部分,具有科学性、法律性以及服务性的社会属性。在科学证据的时代,"打官司就是打证据"使司法鉴定的社会影响力逐年攀升。与此同时,鉴定意见的科学性、可靠性也遭到学界、公众、媒体、实务界的质疑。为此,可通过系统梳理国际标准化组织合规管理体系的最新理念,用合规管理提升司法鉴定管理的规范性,并将"道伯特规则"作为法庭科学/司法鉴定的框架性标准;用技术标准体系建设提升司法鉴定的科学信任度;强化过程管理,加强诚信体系建设。相关研究也很活跃[1]。

---

[1] 王旭、陈军:《合规管理与标准化:科学证据时代的司法鉴定公信力建设》,载《中国司法鉴定》2021年第6期。

3.1 国内外理论与实践

技术是标准的核心特征，随着全球化的不断深入，标准趋同越来越明显，各个国家和地区在自身标准建设时都在迅速向国际标准靠拢，因此，国际化就成了法庭科学标准研究的发展趋势之一。在国际标准研究方面，我国重点研究 ISO/IEC 17020、ISO/IEC 17025、ISO 21043、国际实验室认可合作组织（ILAC）G19/2014 指南，澳大利亚司法鉴定标准法证分析（AS 5388），美国司法鉴定标准美国科学委员会（OSAC）注册标准库之 25 项标准和欧洲法庭科学联盟（ENFSI）《欧洲法庭科学评价报告指南》，并梳理其标准理论。除了持续追踪研究国际标准和国外先进标准，本书还将重点关注包括工作范围、程序、方法、规划、政策在内的国际法庭科学标准建设的先进理念。

从实践方面，我国司法鉴定行业自 2005 年起就按照 ISO/IEC 17020 和 ISO/IEC 17025 广泛开展司法鉴定机构质量管理体系的建设和运行，包括中国合格评定国家认可委员会（CNAS）实验室认可及中国计量认证（CMA），强调人、机、料、法、环、测六要素，每个要素均有标准的验证，因此，在我国开展法庭科学标准/司法鉴定标准研究，有实践的基础与土壤。

从研究的层面，国内已有的法庭科学标准的探讨或立足于技术层面，或立足于法律层面。技术层面主要侧重于对实验室/检查部门内部质量运行的研究，包括对结果、过程、要素的研究，具体涵盖方法确认、结论确认、记录标准、结果审查等。法律层面的探讨则综合考虑法律、法规、标准、指南，主要从诉讼法、证据法、司法鉴定法律制度等方面对涉及司法鉴定的人员、材料、仪器、环境、方法、操作规程进行规制，同时还涉及司法行政部门的管理制度。

通过对国内外法庭科学/司法鉴定标准理论和实践的研究，我们能够梳理出标准建设的理论体系及其要素。

3.2 重点研究内容

3.2.1 《标准化法》的研究

作为提供公共法律服务产品的司法鉴定/法庭科学服务，在标准化过程中，理应受到上位法《中华人民共和国标准化法》（全书简称《标准化法》）的规制。《标准化法》完善了标准制定、实施、监督管理、法律责任的标准运行全流程，形成了标准化的规范框架，为法庭科学的标准化框架建设提供了指引。其具体规定的诸如国际化原则、多主体参与原则、标准化协调机制、标准的管理监督机制、标准制定主体的法律责任制度，能够为法庭科学的标准建设提供方向。《标准化法》提供了一种标准质量提升的新理念，针对目前法庭科学标准存在的问题，按照该法的框架，通过确立标准的制定体系—实施体系—监督体系—法律责任等环节，可以实现法庭科学标准建设，形成一个不断循环的质量提升过程。

司法鉴定标准质量管理和控制问题是一个复杂且重要的问题，从目前实践情况来看，我国的法庭科学/司法鉴定标准的质量管理还处于初级阶段，需要按照《标准化法》的框架，通过确立标准制定—实施—监督—法律责任等环节的监控来实现法庭科学标准建设的质量提升。

3.2.2 标准定位研究

我国的标准化体系建设一直有着鲜明的行政痕迹，改革前的标准体系包括"国、行、地、企"（国家标准、行业标准、地方标准、企业标准）四级标准，改革后，标准供给渠道得到拓宽，在原有体系的基础上增加了团体标准。我国的司法鉴定领域，在标准的适用上有严格的依级别适用的规定，《司法鉴定程序通则》第23条规定："司法鉴定人进行鉴定，应当依下列顺序遵守和采用该专业领域的技术标准、技术规范和技术方法：（一）国家标准；（二）行业标准和技术规范；（三）该专业领域多数专家认可的技术方法。"反观域外，无论是美国、澳大利亚还是欧洲，鉴定标准均无等级之分，只有政府主导制定和团体自主制定的标准之分，在标准的采纳上亦没有过多的政府色彩干预，多为团体成员自愿一致采用，呈现出"自愿一致性标准"为主的标准化体系。

纵观法庭科学发展的历史，关于标准的定位和作用发挥，国内外均经历了从单一到全面的建设过程。目前，国外的法庭科学标准建设特点是基于质量控制的宏观视角，认为技术标准的目标是确保鉴定意见的鲁棒性、可靠性和一致性，特别是对科学方法、过程和质量控制的重视，普遍强制采用ISO/IEC 17025标准对实验室能力进行认可，以确保结果的可靠性。基于ISO/IEC 17025，国际标准化组织已发布国际标准三项（ISO 21043-1：2018）。国际实验室认可合作组织制定了《法庭科学通用指南》（ILAC G19：08/2014），欧洲法庭科学联盟制定了EA-5/03：2008标准，英国皇家认可委员会（UKAS）制定了UKAS RG201标准，澳大利亚标准协会制定了AS 5388系列法庭科学标准，等等。

关于法庭科学/司法鉴定标准与法律的关系，在宏观视角下，应立足于法律，考虑法庭科学机构外部规制问题；在微观视角下，应立足于技术，考虑法庭科学/司法鉴定技术标准运行问题。应首先立足于宏观视角，同时考虑制度要素与科技要素，借鉴世界法庭科学实践中形成的有效既有模式，深度理解各项措施要义及彼此之间的关联。

3.2.3 标准体系研究

国外法庭科学标准研究是"从一般到具体"，以质量和过程进行总体控制，更偏重于基础标准和管理标准研究，例如，美国材料与试验协会法庭科学标准委员会（ASTM E30）制定的标准主要有术语标准，证据的接收、记录存储与返还标准，质量保证标准。在质量控制的基础上，再考虑制定具体标准方法。而我国司法鉴定/法庭科学标准研制是"从具体到一般"的路径，具体技术标准数量庞大，而一般性的质量控制标准占比较低[1]。我国法庭科学领域更关注实验室检验分析阶段的标准制定，而较少考虑实验室前阶段（犯罪现场物证发现提取）和实验室后阶段（结果和证据的科学解释及其在侦查或法庭中的应用）的标准制定，标准尚未覆盖法庭科学全过程[2]。此外，我国基于综合标准化的思想，从综合利用各种技术手段支撑司法活动，最大限度提高标准应用整体效能的角度出发，提出了标准综合体的标准体系构建思路。

我国的法庭科学标准研究主要集中在体系研制上，花锋等人研制的《法庭科学标准体系结构》（GA/Z 1600-2019）[3]涵盖了法庭科学十个专业类别，每个类别分为基础标准、技术标准、管理标准。何晓丹等人研制的《司法鉴定服务标准体系》，依据行业需求和管理要素，分为服务通用基础标准体系、服务保障标准体系和服务提供标准体系。此外，王旭、樊金英、周桂雪、杨天潼、邓振华等人从我国司法鉴定标准分类、法庭科学质量控制措施体系、国外法庭科学标准比较研究等分领域，开展了理论研究

---

[1] 张宁等：《中外法庭科学标准化研究现状比较与发展趋势》，载《刑事技术》2021年第1期。

[2] 花锋、周红：《中美法庭科学领域标准化工作比较研究》，载《刑事技术》2016年第1期。

[3] 《法庭科学标准体系结构》（GA/Z 1600-2019），载 https://www.spc.org.cn/online/c1fe79f607468761d3a242cf1de1f94d.html?text=GA/Z/600，最后访问日期：2024年6月4日。

与实务梳理[1]。总体上,我国的法庭科学标准研究是自下而上的,先形成具体技术标准群,而后形成标准体系架构。现有的研究依然欠缺理论深度与宏观思维。

目前,我国的法庭科学标准研究应关注标准体系规划布局、标准的协调性研究、标准综合体等,减少交叉、重复、矛盾的管理机制,注重技术标准的精简整合,为现行的法庭科学/司法鉴定机构/人员提供标准应用的指南,为未来的标准编制提供方向性指导。另外,既要开展实验室阶段的标准方法研究,也要开展实验室前和实验室后阶段的标准研制,及时补充完善标准体系;研究构建专业间配合的工作标准,以及技术方法间的接口标准的标准综合体。从具体的项目和需求出发,构建与之相关的各要素的标准集合,促进标准间的衔接配套,共同达到整体效果最优。

关于标准体系的科学有效性问题,司法鉴定具有学科综合性,司法鉴定既是多学科交叉的一种技术科学实证活动,又是诉讼参与活动,涉及自然科学、社会科学和工程技术,是三大领域理论、知识、方法和技术的综合运用[2]。然而显而易见的问题是,这些科学并没有形成一个同类的集合,它们中的每一个都有自己独特的范式。在这样的多样性面前,想要定义科学有效性标准是一大难点,我们可以借鉴《欧洲法庭科学评价报告指南》,从"意见的解释"标准入手。

应建构以过程控制为主导的标准体系,同时将标准综合体与

---

[1] 王旭、陈军:《加强法庭科学跨行业研讨 促进法庭科学标准化建设》,载《中国司法》2018年第10期。

[2] 王旭:《以多学科融合思路 提升证据分析能力》,载https://finance.sina.com.cn/jjxw/2022-07-25/doc-imizmscv3379008.shtml?finpagefr=p_115,最后访问日期:2024年6月4日。

标准体系建设有机结合，兼顾急用先行和长远发展，研究标准体系的近期、中期和长期的规划布局，构建全要素、全链条、多层次的法庭科学标准体系。

3.2.4 标准层级理论的研究

在标准理论研究上，最具代表性的是新西兰法庭科学家道尔（Doyle）的"标准层级"（Hierarchy of Standards）理论和澳大利亚罗伯特森（Robertson）提出的"脊柱原则"。"标准层级"将法庭科学标准划分成四个等级：国际标准（International Standards）、国际标准的应用指南（Guidance Application）、过程指南（Guidance on Process）、标准操作程序（Standard Operating Procedure），并将国际标准（如 ISO/IEC 17025：2017 等）作为法庭科学领域的顶层标准，将应用或解释国际标准的指南标准，如《法庭科学实验室指南》（ILAC-G19：2002）作为次级标准，以满足特定专业（行业）的需求。层次结构中较低的是规定法庭科学过程细节的标准，如 AS 5388，具体操作方法则位于最底层。罗伯特森法庭科学核心标准的"脊柱原则"则认为，核心标准就像人的脊柱，既支撑个体活动又连接到肋骨，即又与各专业标准相连接，强调从犯罪现场到报告出具的整个司法鉴定过程需要通用标准，该通用标准是核心标准，其功能类似于人的脊柱。

标准层级理论从宏观视角为我国法庭科学标准体系建设提供了指引。从纵向框架来看，标准层级理论将国际标准与本国标准有机结合，使得本国标准与国际标准之间的衔接更加融洽。再结合澳大利亚的 AS 5388，可以看出标准层级理论建构出了一套以国际标准为主导的纵向框架，和以过程控制为主导的横向框架，为我国法庭科学标准体系的改进提供了参照。该理论从高到低、从宏观原则到具体方法，对专业众多、数量庞杂的法庭科学标准进行分类和导航，随着层次机构的降低，标准中所涵盖的细节越来越多，规范内容的详细程度也越来越高，有利于标准的分层应用和实施，对进一步完善我国法庭科学各专业的标准体系，科学划分、合理确定标准的对象，理顺并形成相对稳定的划分逻辑具有指导和借鉴意义。

一方面，标准层级理论是以国际标准、澳大利亚司法鉴定标准为基础建构的，可将标准层级理论与我国司法鉴定标准体系相比对，建设适应我国既有司法鉴定标准体系的标准建设国际化路径。另一方面，无论是国际标准 ISO 21043 还是澳大利亚 AS 5388 标准，均只规定了流程，而对于司法鉴定参与者并未作出规定。因此，在应用标准层级理论形成我国法庭科学/司法鉴定管理标准时，要考虑我国的国情，对其进行调整与扩充。在此方面，我国司法鉴定认证认可的标准《司法鉴定/法庭科学机构能力认可准则》（CNAS-CL08：2013）就是很好的先例。

CNAS-CL08：2013 制定了适合我国司法鉴定/法庭科学领域的鉴定机构开展鉴定活动需满足的要求，覆盖了国际标准 ISO/IEC 17025：2005 所有的管理要求和技术要求，采用了部分《检查机构能力的通用要求》（ISO/IEC 17020：2012）和《法庭科学机构认可指南》（ILAC-G19：2014）的内容。

其后，在国际标准 ISO/IEC 17025：2017 发布后，我国及时对 CNAS-CL08：2013 进行修订。相对 ISO/IEC 17025：2005 版准则，ISO/IEC 17025：2017 的变化较大，CNAS-CL08：2018 也基于 ISO/IEC 17025：2017 版的变化，进行了结构的大幅度调整，并满足了中国的司法鉴定管理的相关要求。

3.3 案例与思考

案例一[1]

1. 基本案情和审理情况

20××年××月××日，陈某与被告人李某全同坐一桌喝酒吃饭，22时许，陈某与李某全扳手腕打赌，互泼茶水引发殴斗，陈某头部受伤。经××××司法鉴定中心鉴定：陈某左侧颞顶部硬膜外血肿（伴脑受压体征），认定陈某损伤为轻伤一级；后经××医科大学司法鉴定中心鉴定：陈某CT检查提示左侧颞骨骨折、左侧颞顶部硬膜外血肿（影像片中连续12个层面可见硬膜外血肿，最大层面血肿直径7.5cm，宽2.0cm），经开颅手术证实左侧颞骨骨折，硬膜外血肿约80ml，认定陈某的损伤程度鉴定为重伤二级；再经×××××××公安司法鉴定中心进行文证审查，认定陈某的损伤程度鉴定为重伤二级更为适当。最后，该省×××人民法院认为，被告人李某全故意伤害他人身体健康，致陈某重伤，鉴于均有伤害对方的故意、有自首情节且认罪认罚，判处被告人李某全犯故意伤害罪，判处有期徒刑三年，宣告缓刑四年。

2. 本案的思考

根据《中华人民共和国刑法》（2020年修正）第234条规定的"故意伤害他人身体的，处三年以下有期徒刑、拘役或者管制。犯前款罪，致人重伤的，处三年以上十年以下有期徒刑……"若按照第一次轻伤一级的鉴定意见，在不考虑其他量刑情节的情况下，李某全的刑罚最多为三年有期徒刑，但如果按照重伤二级

---

[1] 张文强：《刑事审判中轻伤害案鉴定问题的多元化研究》，中国政法大学2024年硕士学位论文。

的鉴定意见，其将会面临三年到十年有期徒刑的处罚，可见鉴定意见对最终定罪量刑的影响。

根据《最高人民法院关于适用〈中华人民共和国刑事诉讼法〉的解释》第273条，控辩双方申请重新鉴定，法院认为有必要的，应当同意。本案启动重新鉴定后，出现前后两份鉴定意见不同的情况，因为法官缺少鉴定方面的专门知识，所以无法对鉴定意见进行实质性审查。另外，由于鉴定机构间无上下级关系，不同鉴定意见的效力一般由法庭质证环节确定。本案最终通过鉴定意见的文证审查确定适用重伤二级的鉴定意见，但判处的刑罚是重伤刑罚的下限、轻伤刑罚的上限（有期徒刑三年，宣告缓刑四年），说明首次轻伤一级的鉴定意见对法官的判断有一定的影响。

损伤程度鉴定必须以标准为准绳，如果鉴定标准本身不够科学，据此形成的鉴定意见就会容易引发争议。本案在把握《人体损伤程度鉴定标准》第5.1.2h条"颅内出血，伴脑受压症状和体征"等条款时，鉴定人员遇到了一定的困难，表明《人体损伤程度鉴定标准》条款尚需进一步完善。

案例二[1]

1. 基本案情及审理情况

20××年××月××日凌晨，被告人陈某某酒后驾驶二轮摩托车，沿××县××街道由西向东行驶，途经×××路段时，剐撞行人黄某，造成黄某受伤。经××××司法鉴定所检验鉴定，被告人陈某某血液中的酒精含量为190.75mg/100ml，属于醉酒驾驶。后经二审法院认

---

[1] 陈子文：《我国法庭科学/司法鉴定标准争议问题研究——以法医类鉴定标准为切入点》，中国政法大学2023年硕士学位论文。

定，××鉴定机构之鉴定标准适用错误导致鉴定意见无法被采信。

判决无罪的理由是鉴定机构适用了《血液中乙醇的测定 顶空气相色谱法》（SF/Z JD0107001-2016）的标准，而根据对2013年最高人民法院、最高人民检察院、公安部《关于办理醉酒驾驶机动车刑事案件适用法律若干问题的意见》的理解与适用，"醉酒"的认定标准应采用国家标准化管理委员会发布的强制性国家标准《车辆驾驶人员血液、呼气酒精含量阈值与检验》（GB 19522-2010）。当时，GB标准、GA/T标准与SF/Z标准并行，在试剂、仪器、操作方法、定量标准等方面都存在诸多不同之处。而该鉴定报告的检验方法名义上使用的是GA/T标准，整个检验过程却采用了SF/Z标准，属程序不当。因鉴定机构使用的检验方法不符合专业的规范要求，得出的鉴定意见未被采信。

2. 本案的思考

酒精检测的鉴定意见是危险驾驶罪的关键定罪证据。自危险驾驶罪2011年5月1日入刑以来，醉驾案嫌疑人的血液酒精含量检验鉴定一直没有统一的标准，司法实践中鉴定机构在标准适用上有较大的随意性。同时存在多种鉴定标准并存，包括2010年颁布实施的GB 19522-2010，2013年颁布实施的《生物样品血液、尿液中乙醇、甲醇、正丙醇、乙醛、丙酮、异丙醇和正丁醇的顶空-气相色谱检验方法》（GA/T 1073-2013），2019年颁布实施的《血液酒精含量的检验方法》（GA/T 842-2019）和2016年颁布实施的SF/Z JD0107001-2016标准。2018年5月3日，司法部司法鉴定管理局发布相关文件，[1]明确规定采用GA/T 1073或

---

[1]《司法部司法鉴定管理局关于车辆驾驶人员血液中酒精含量测定适用标准有关意见的函》对车辆驾驶人员血液中酒精含量测定适用标准进行了统一规定。司法鉴定机构对车辆驾驶人员血液中酒精含量进行检测时，应当按照国家标准GB 19522-2010的要求，采用GA/T 1073或者GA/T 842的规定。

者 GA/T 842 标准。对于"酒驾"标准的统一，引发了对于我国现行的法庭科学/司法鉴定标准交叉、重复问题的关注与思考，也体现出法庭科学/司法鉴定标准建设是司法现代化的组成部分。

|第二章|
概念梳理与分类

第一节 基本概念

1.1 标准

《标准化法》第 2 条规定了标准的概念：标准（含标准样品），是指农业、工业、服务业以及社会事业等领域需要统一的技术要求。即"标准"一词强调"技术要求"。

国际标准化组织在《标准化与相关活动——通用词汇》（ISO/IEC GUIDE 2：2004）的第3.2条与《标准化工作指南 第1部分：标准化和相关活动的通用术语》（GB/T 20000.1-2014）第5.3条规定："标准"（standard）是指通过标准化活动，按照规定的程序经协商一致制定，为各种活动或其结果提供规则、指南或特性，供共同使用和重复使用的文件。它的概念中，有几个词汇需要特别注意，即"标准化""协商一致""规则/指南""共同使用""重复使用"。

此前，在 2004 年，国际标准化组织把"标准"定义为："为了在一定的范围内获得最佳秩序，经协商一致制定并由公认机构批准，共同使用和重复使用的文件。"[1]

我国在2014年给出了"标准"的定义："通过标准化活动，按照规定的程序经协商一致制定，为各种活动或其结果提供规则、指南或特性，供共同使用和重复使用的文件。"[2]定义借鉴了国际标准化组织的模式，即包含了标准制定的目的、过程、标准特性这三个方面。我国在标准的定义中也加入了"标准化"一词，通过"标准化"来定义标准。

国际上著名的国际标准化组织——澳大利亚标准协会（Standard Australia，SA）给出的标准定义认为，标准是为确保产品、服务和系统的安全性、一致性和可靠性，而提供规范、程序和指南的文件。相较于传统的国际标准化组织定义，澳大利亚对于标准的定义有着自己的见解，具化了标准的目的"最佳秩序"的概念——"确保产品、服务和系统的安全性、一致性、可靠性"。这与其国家标准的发展历史有着紧密的联系。起初，标准仅仅是出现在合同中的条款，而后慢慢在一系列事务中重复使用，所以其定义中还保留着"产品、服务、系统"等用词[3]。

不难看出，标准的概念正随着经济和社会的进步而不断完善。当代，标准的概念虽然存在细微的差别，但总体上趋于统一，即标准具有"经协商而制定""供共同使用和重复使用"等特性。

最后，我们依照GB/T 20000.1-2014，强调一下标准的定义：通过标准化活动，按照规定的程序经协商一致制定，为各种活动

---

[1] ISO/IEC Guide 2, Standardization and Related Activities — General Vocabulary, ISO, 2004.

[2] 金晓石：《标准化的基本概念内涵与现代诠释》，载《质量探索》2018年第4期。

[3] 胡杨振宇：《澳大利亚法庭科学标准化体系解析与借鉴》，中国政法大学2020年硕士学位论文。

或其结果提供规则、指南或特性,供共同使用和重复使用的文件。

1.2 标准化

标准化是指"制定共同使用和重复使用条款的活动"。

因为我国的标准化法中用"标准化"来定义"标准",所以区别两者是必要的。

国家标准《标准化工作指南 第1部分:标准化和相关活动的通用词汇》(GB/T 20000.1-2002)对"标准化"的定义是:"为了在一定范围内获得最佳秩序,对现实问题或潜在问题制定共同使用和重复使用的条款的活动。"同时在定义后注明:①上述活动主要包括编制、发布和实施标准的过程;②标准化的主要作用在于为了其预期目的改造产品、过程或服务的适用性,防止贸易壁垒,并促进技术合作。标准化活动主要包括预研、立项、起草、征求意见、审查、批准、出版、复审和废止九个阶段内容。

有学者曾对司法鉴定标准化给出定义:"司法鉴定标准化,是指有关鉴定的语言、程序、方法,鉴定依据和鉴定意见做到统一与规范。"[1]该定义明确了司法鉴定标准化的目的。同时,司法鉴定标准化也是指有关部门为实现司法鉴定标准的统一、有序进行,对司法鉴定相关标准进行制定、修改、实施、监督的过程[2]。

标准与标准化二者的关系:标准化是动作,标准是产品。标准化活动促进标准的诞生,而标准又能反过来提升标准化工作,二

---

[1] 金光正主编:《司法鉴定学》,中国政法大学出版社2001年版,第126页。
[2] 朱晋峰、沈敏:《司法鉴定标准化法制机制建设研究》,载《中国司法鉴定》2018年第1期。

者相辅相成。[1]另外，二者也有区别，一般情况下标准是面向当下的，时效性较强；而标准化活动不局限于当下，也可以面向未来，针对未来的潜在问题。[2]

最后，我们依照 GB/T 20000.1-2014，强调一下标准化的定义：为了在既定范围内获得最佳秩序，促进共同效益，对现实问题或潜在问题确立共同使用和重复使用的条款以及编制、发布和引用文件的活动。

1.3 法庭科学标准

有学者[3]将法庭科学标准划分为狭义与广义两种，前者为司法鉴定人出具鉴定意见所依据的标准，包括技术层面与程序层面的标准；后者在前者的基础上还包括司法鉴定机构在管理层面的标准，包括机构的管理规范、文书的存放与格式规范等。本书采用广义的概念，因为管理标准对得出客观、公正、准确的鉴定意见有相当大的促进作用，这一部分的标准化问题不容忽视。当然，检验检测技术才是法庭科学领域最为核心的内容，也是最能展示法庭科学领域的特性的部分。

法庭科学是自然科学和法学相交叉的边缘学科，源于法律的需要，内容范畴也有广义和狭义之分。广义的法庭科学概念指运用一切医学、自然科学的理论与技术，研究并解决刑事侦查、审判及民事纠纷中有关专门问题的自然科学学科群，包括现场勘查、取证、各种痕迹物证检验、毒物和毒品检验、各种法医学检

---

[1] 金晓石：《标准化的基本概念内涵与现代诠释》，载《质量探索》2018年第4期。

[2] 胡杨振宇：《澳大利亚法庭科学标准化体系解析与借鉴》，中国政法大学2020年硕士学位论文。

[3] 张明兰：《最佳秩序——标准化有效性的唯一准绳》，载《上海标准化》2010年第12期。

验鉴定（尸体、活体和生物学物证）、精神病学鉴定以及现代发展起来的法庭昆虫学、法庭植物学、法庭孢粉学等。狭义法庭科学的概念指刑事技术，也称警察科学，是应用现代科学技术，发现和检验与犯罪有关的物证，为揭露和证实犯罪提供证据的科学，包括刑事照相（图像）技术、痕迹检验、现场勘查、刑事相貌学等，不包括法医学尸体检验、法医临床鉴定和法医精神病学检验鉴定。

最后，我们给出法庭科学标准的定义：为在法庭科学领域获得最佳秩序，经协商一致制定并由公认机构批准，共同使用和重复使用的文件。

1.4 司法鉴定标准

司法鉴定标准有别于其他产品标准。邹明理教授认为，狭义的鉴定标准是指鉴定意见的具体条件，即使鉴定意见已经具有可靠性的必备因素；广义的鉴定标准是指鉴定活动的基本准则，即通常所说的鉴定规范，包括鉴定管理规范、鉴定程序规范、鉴定机构规范、鉴定人资格规范、鉴定对象与鉴定意见规范[1]。程军伟认为，该定义虽详尽地界定了司法鉴定意见形成过程中的操作标准和技术标准，但司法鉴定标准不仅包含鉴定意见的形成标准，还应包含鉴定意见的运用标准[2]。

虽然，司法鉴定活动中涉及的"专门性问题"也会涉及"非技术性要求"的问题，这与司法鉴定的法定性有一定关系，但是，司法鉴定是鉴定人运用法庭科学/司法鉴定的理论和技术，对诉讼活动中的专门性问题开展的技术研判活动，其具有鲜明的

---

[1] 邹明理主编：《我国现行司法鉴定制度研究》，法律出版社2001年版，第144页。
[2] 程军伟：《论司法鉴定的标准化》，载《理论导刊》2008年第2期。

技术属性，强调鉴定过程中的专业性。因此，法庭科学/司法鉴定标准无论是名称还是内容，技术都是核心。在我国，"法庭科学"一词并没有明确的概念界定，其内涵基本等同于"司法鉴定"的概念，前者略偏重于"围侦查"，后者略偏重于"围审判"。

最后，我们给出司法鉴定标准的定义：在司法鉴定领域，为了获得最佳秩序，经协商一致制定并由公认的机构批准并发布，共同使用和重复使用的文件。

第二节 法律需求视角下的法庭科学/司法鉴定标准分类

从2012年开始，我国立法机关对三大诉讼法进行了较大范围的修订，建构了一整套符合诉讼理念的证据规则体系，完善了司法鉴定的程序性规定[1]。民法、刑法等实体法通过援引相关法庭科学/司法鉴定标准，规定了法庭科学/司法鉴定的实质内容，并通过标准化活动形成了法庭科学/司法鉴定标准。法庭科学/司法鉴定兼具法律性与科学性，笔者认为，法庭科学/司法鉴定标准从过程上讲，可分为程序标准、实施标准、审查标准及适用标准。详见图2-2-1。

---

[1] 刘鑫、敖丽丹：《法医学鉴定标准的现状与问题》，载《中国法医学杂志》2016年第4期。

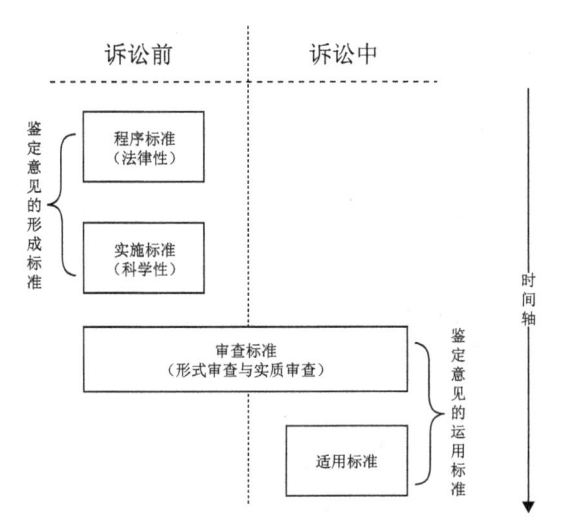

图 2-2-1　法律维度下法庭科学/司法鉴定标准分类

2.1 鉴定程序标准

鉴定程序标准，保障鉴定活动的法律性。该部分标准涵盖鉴定启动、告知、鉴定的实施、出具鉴定意见、鉴定人出庭等过程，设定的主要目的是保障鉴定材料的真实性，确保鉴定人具有职业资格、职业道德等，排除因人为因素的影响导致的鉴定意见偏差。

2.2 鉴定实施标准

鉴定实施标准，保障鉴定活动的科学性。该部分标准突出鉴定的技术、步骤、方法，以明确、细化的标准条款来约束鉴定人的技术行为，明确鉴定的最佳方法、必须达到的实验室环境条件、设备仪器条件、需严格遵从的步骤等，以保证鉴定意见形成的科学性、客观性。

2.3 鉴定审查标准

近年来,技术性证据审查的理念在学界及实务界多有论证。在法庭运用鉴定意见之前以及运用之中,对其形成条件及可靠性设定一系列的评判规则,有利于法官、检察官、律师及诉讼参与人作出相对合理的判断。技术性证据审查包括审查检材的来源、提取、保管、送检是否符合法律规定,鉴定机构及鉴定人有无鉴定资质,鉴定程序是否合法,鉴定过程是否合乎相关标准,分析论证以及引用的标准是否适当等[1]。最为典型的是《美国联邦证据规则》第702条,它被认为提供了法庭科学极好的非技术性指南。

2.4 鉴定适用标准

鉴定适用标准,核心是司法适用。司法鉴定意见是依靠科学的方法得出的,其表现形式往往让法官、检察官、律师难以直接得出确切的结论,此时,就需要对鉴定意见在诉讼中的适用设立标准,以使法官、检察官、律师意识到鉴定意见的不确定度、证明能力等,实际上也就是司法鉴定意见的可采性标准。

纵观法庭科学标准/司法鉴定体系,以《司法鉴定行业标准体系》(SF/T 0061-2020)为例,总结起来,鉴定意见的形成标准中,程序标准包括司法鉴定业务管理规范、司法鉴定机构管理规范、司法鉴定人员管理规范、司法鉴定质量控制规范、司法鉴定文书档案管理规范,实施标准包括司法鉴定各专业的技术标准、司法鉴定条件保障规范。

---

[1] 洪翔等:《技术性证据审查的实践路径——以浙江省检察机关为视角》,载《中国司法鉴定》2018年第5期。

所有的鉴定标准，本质上都是质量标准。鉴定意见的审查标准与鉴定意见的形成标准，最重要的区别在于司法鉴定质量控制的主体，鉴定意见的形成标准是司法鉴定行业的内部质量控制；鉴定意见的审查标准是鉴定人之外的诉讼活动参与各方，依据鉴定意见的形成标准对司法鉴定活动进行质量监督的标准，如庭审中专家辅助人对鉴定人的质证。对于鉴定意见的适用标准，我国暂无相关规定。

我国目前的法庭科学/司法鉴定标准建设集中在实施标准上，尤其是涉及具体方法的技术标准，程序标准大多由规章及部颁文件转化而来。

第三节 标准属性视角下的法庭科学/司法鉴定标准分类

3.1 基础标准

基础标准是指在一定范围内作为其他标准的基础并普遍使用，具有广泛指导意义的标准。基础标准对标准化对象的共性因素如概念、术语与分类、通则等作出统一的规定，基础标准是制定产品标准或其他标准所必须遵循的依据或准则。

基础标准可以直接应用，也可以作为其他标准的依据和基础，具有普遍的指导意义。一定范围是指特定领域，如企业、专业、行业、国家等。也就是说，基础标准既存在于国家标准、专业标准中，也存在于企业标准中。在某领域中，基础标准是覆盖面最大的标准，它是该领域中所有标准的共同基础。

基础标准为法庭科学/司法鉴定体系中其他标准提供了具有广泛适用性的通用条款，法庭科学/司法鉴定基础标准主要包括：

第一，技术通则类。如"法庭科学标准修订编制规则"这样的命名。这些技术工作和标准化工作规定是需要全行业共同遵守的。

第二，通用技术语言类。如术语、符号、代号、代码等。这类标准的作用是使技术语言统一、准确和简化。

第三，可靠性、安全性类。这类标准对保证产品适应性以及人身和设备安全具有重要作用。

第四，通用方法类。如试验、分析、抽样、统计、计算、测定等各种方法标准。

3.2 技术标准

技术标准是为标准化领域中需要协调统一的技术事项制定的标准。它是依据不同时期的科学技术水平和实践经验，针对具有普遍性和重复出现的技术问题，提出最佳解决方案。技术标准针对某一特定技术领域提供专业的操作流程指引等。

法庭科学/司法鉴定标准的对象一般是物质或痕迹（Trace），包括各种样品、检材、人体、书证、物证等。技术标准是从事法庭科学/司法鉴定检验、科学研究、技术操作等技术工作以及法庭科学/司法鉴定产品生成中共同遵守的技术依据，是大量存在的、具有重要意义和广泛影响的标准群。

3.3 管理标准

为法庭科学领域中需要协调统一的管理事项所制定的标准，称为管理标准。管理标准按其对象可分为技术管理标准、行政管理标准、业务管理标准等。制定管理标准的目的是合理组织、正确处理法庭科学/司法鉴定活动中的相互关系以及科学地行使计划、监督、指挥、调整、控制等行政与管理机构的职能。

在我国，管理标准主要针对鉴定活动中的管理事项以提升鉴定意见的质量，法庭科学/司法鉴定管理标准，一定程度上被司法行政部门的管理性文件取代。

3.4 法庭科学标准体系

标准体系是指一定范围内的标准按其内在联系形成的科学有机整体。标准体系的组成单元是标准。标准体系一般具有以下特性。

第一，目的性。即每一个标准体系都应该是围绕实现某一特定的标准化目的而形成的。

第二，层次性。即同一体系内的标准可分为若干个层次。它反映了标准体系的纵向结构。

第三，协调性。即体系内的各项标准在相关内容方面应衔接一致。体系内的各种标准应互相补充、互相依存，共同构成一个完整整体。同时，体系内各类标准在数量上应保持一定的比例关系。

将一个标准体系内的标准，按一定的形式排列起来的图表，就是标准体系表（如图 2-3-1 至 2-3-4）。制定标准体系表，有利于了解一个系统内标准的全貌，从而指导标准化工作，提高标准化工作的科学性、全面性、系统性和预见性。

图2-3-1 法庭科学标准体系结构

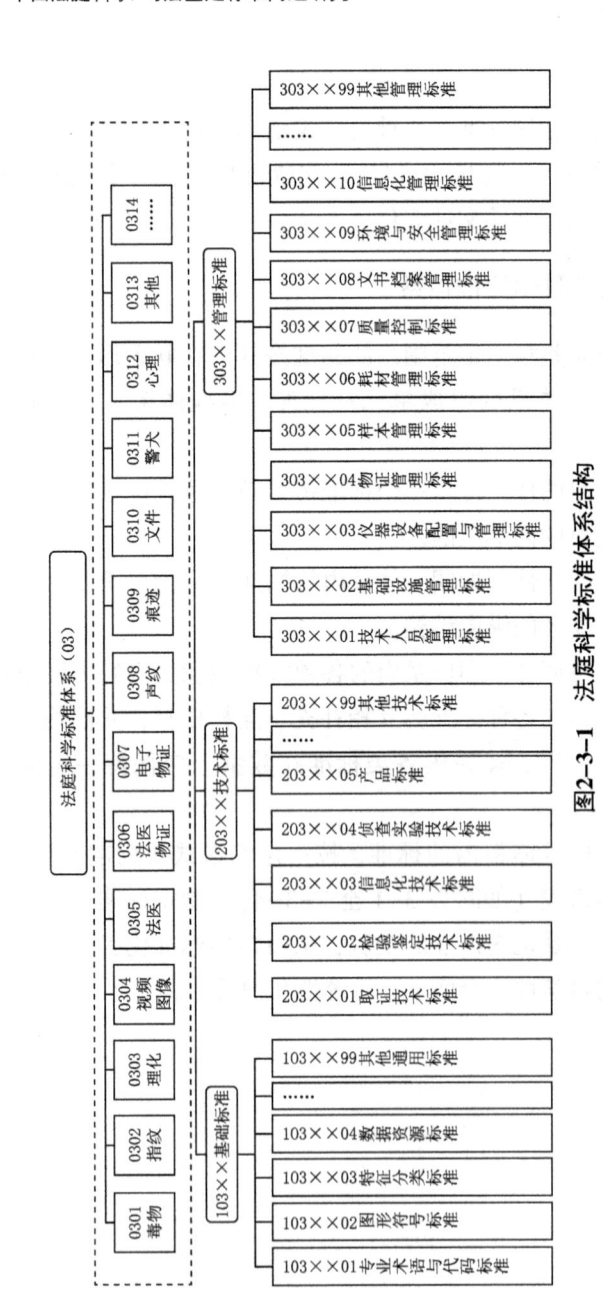

注：×× 之上一层中的 "01—14……"

第二章 概念梳理与分类

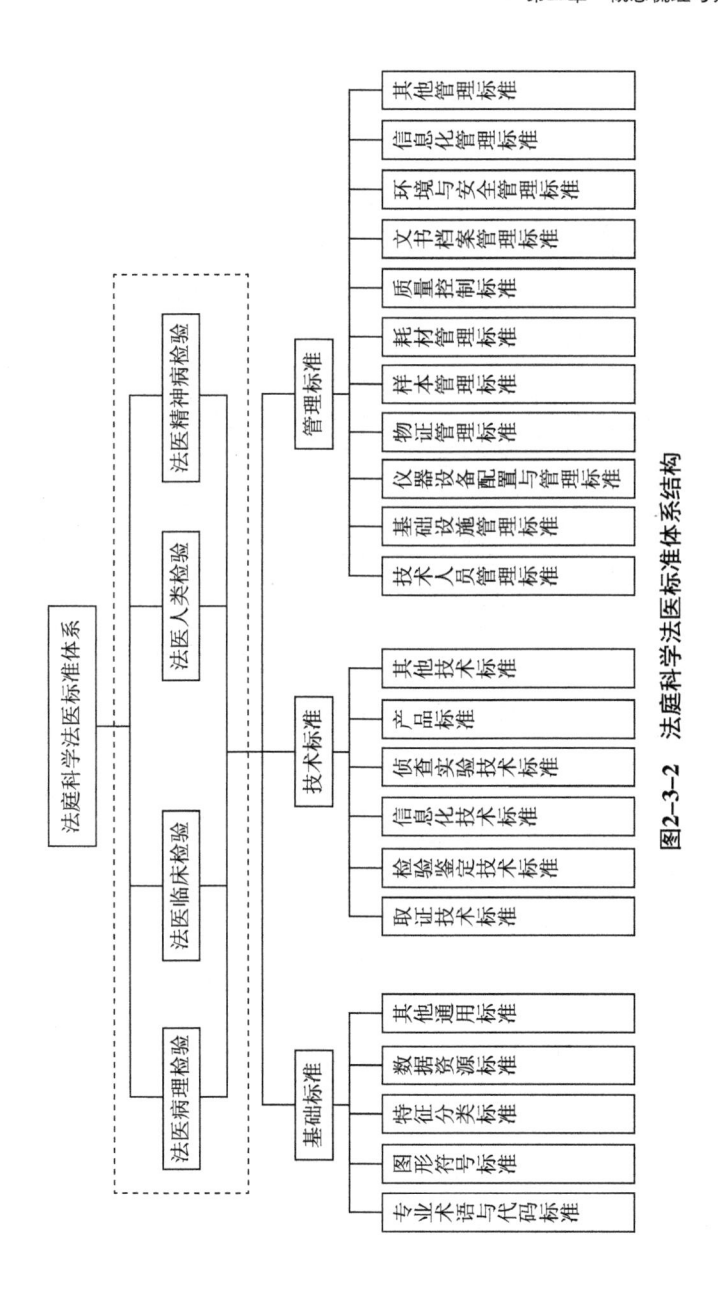

图2-3-2 法庭科学法医标准体系结构

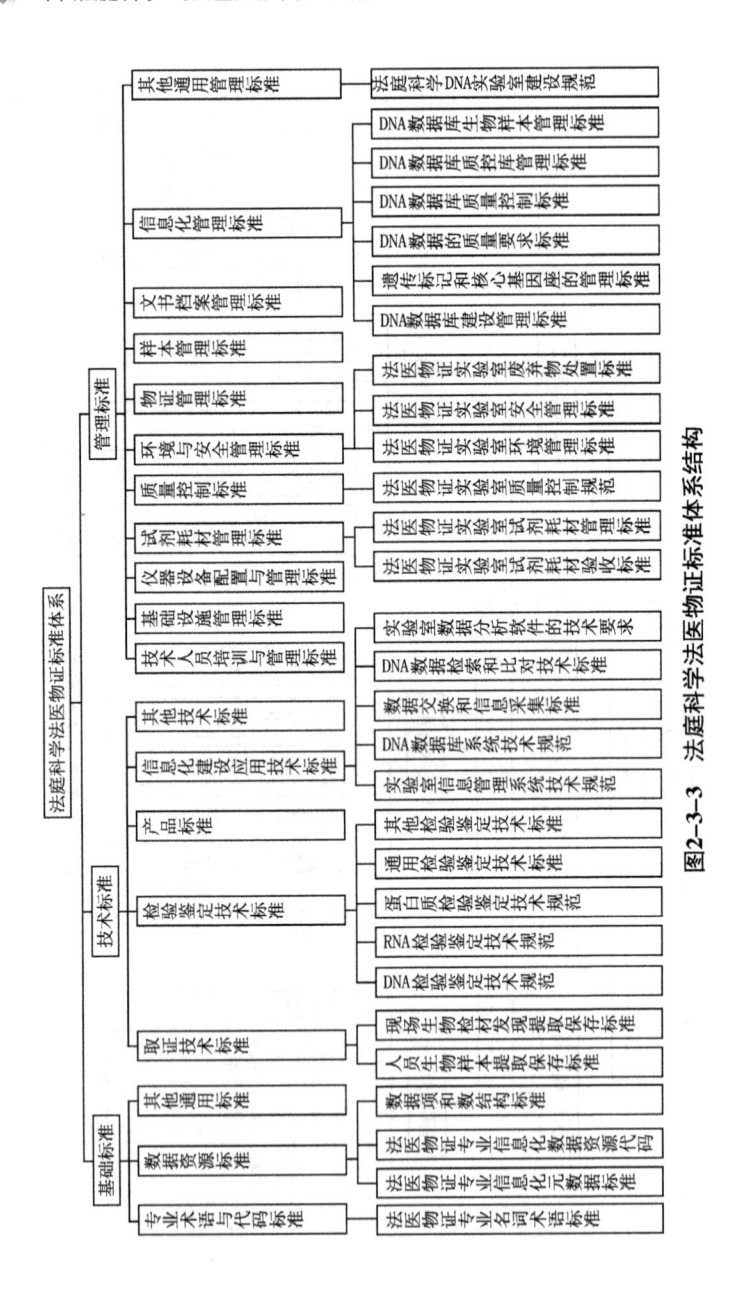

图2-3-3 法庭科学法医物证标准体系结构

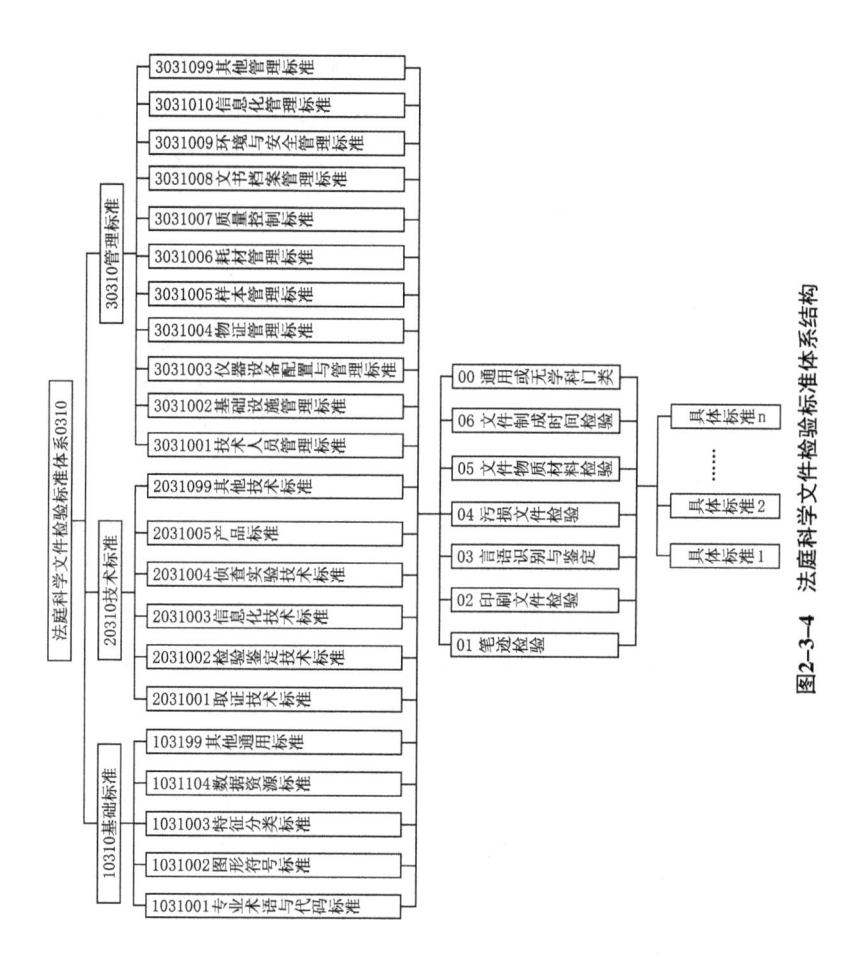

图2-3-4 法庭科学文件检验标准体系结构

第四节 行业管理视角下的司法鉴定执业分类规定

2020年，司法部为加强对面向社会服务的司法鉴定工作的管理，规范司法鉴定执业活动，出台了《法医类司法鉴定执业分类规定》（司规〔2020〕3号），此前，在2000年，司法部还发布了《司法鉴定执业分类规定（试行）》（司发通〔2000〕159

号），二者都属于准管理标准，这可以理解为法庭科学/司法鉴定的管理标准。司规〔2020〕3号规定根据我国司法鉴定/法庭科学的专业设置情况、学科发展方向、技术手段、检验和鉴定内容进行执业分类，是确定我国司法鉴定人职业（执业）资格和司法鉴定机构鉴定业务范围的依据。

我国传统的司法鉴定专业涵盖法医病理鉴定（死亡原因鉴定、死亡方式判断、死亡时间推断、致伤（死）物推断、生前伤与死后伤鉴别、死后个体识别等）、法医临床鉴定（人体损伤程度鉴定、伤病关系鉴定、伤残程度评定、活体年龄鉴定、人体功能评定、医疗损害鉴定、致伤物和致伤方式推断等）、法医精神病鉴定（刑事类行为能力鉴定、受审能力鉴定、服刑能力鉴定、民事类行为能力鉴定、监护能力鉴定、被害人自我防卫能力鉴定、作证能力鉴定、精神损伤类鉴定等）、法医物证鉴定（个体识别、亲子关系鉴定、性别鉴定、种族和种属认定等）、法医毒物鉴定、文书鉴定（笔迹鉴定、印章、文书的制作及工具鉴定、文书形成时间鉴定等）、微量物证鉴定（微量检材的种类鉴定、检材和嫌疑样本的同类性和同一性鉴定等）、声像资料鉴定（载体上记录的声音鉴定、图像真实性鉴定，对记录的声音、图像中的语言、人体、物体作出种类或同一认定等）。

2021年12月28日，司法部发布了《法医类司法鉴定执业分类目录》《物证类司法鉴定执业分类目录》《声像资料司法鉴定执业分类目录》《环境损害司法鉴定的主要领域》，是目前我国司法鉴定人执业资格、司法鉴定机构业务范围的分类依据。

表 2-4-1 法医类司法鉴定执业分类[1]

序号	领域	分领域及项目
01	法医病理鉴定	0101 死亡原因鉴定
		010101 尸体解剖，死亡原因鉴定
		010102 尸表检验，死亡原因分析
		010103 器官/切片检验，死亡原因分析
		0102 器官组织法医病理学检验与诊断
		0103 死亡方式判断
		0104 死亡时间推断
		0105 损伤时间推断
		0106 致伤物推断
		0107 成伤机制分析
		0108 医疗损害鉴定
		0109 与死亡原因相关的其他法医病理鉴定
02	法医临床鉴定	0201 人体损伤程度鉴定
		0202 人体残疾等级鉴定
		0203 赔偿相关鉴定
		0204 人体功能评定
		020401 视觉功能
		020402 听觉功能
		020403 男性性功能与生育功能
		020404 嗅觉功能

---

[1] 《法医类司法鉴定执业分类目录》，载 https://www.moj.gov.cn/pub/sfbgw/zwfw/zwfwbszn/bsznsfjd/202112/t20211228_445103.html，最后访问日期：2024 年 4 月 29 日。

续表

序号	领域	分领域及项目
		020405 前庭平衡功能
		0205 性侵犯与性别鉴定
		0206 诈伤、诈病、造作伤鉴定
		0207 医疗损害鉴定
		0208 骨龄鉴定
		0209 与人体损伤相关的其他法医临床鉴定
03	法医精神病鉴定	0301 精神状态鉴定
		0302 刑事类行为能力鉴定
		0303 民事类行为能力鉴定
		0304 其他类行为能力鉴定
		0305 精神损伤类鉴定
		0306 医疗损害鉴定
		0307 危险性评估
		0308 精神障碍医学鉴定
		0309 与心理、精神相关的其他法医精神病鉴定或测试
04	法医物证鉴定	0401 个体识别
		0402 三联体亲子关系鉴定
		0403 二联体亲子关系鉴定
		0404 亲缘关系鉴定
		0405 生物检材种属和组织来源鉴定
		0406 生物检材来源生物地理溯源
		0407 生物检材来源个体表型推断

续表

序号	领域	分领域及项目
		0408 生物检材来源个体年龄推断
		0409 与非人源生物检材相关的其他法医物证鉴定
05	法医毒物鉴定	0501 气体毒物鉴定
		0502 挥发性毒物鉴定
		0503 合成药毒物鉴定
		0504 天然药毒物鉴定
		0505 毒品鉴定
		0506 易制毒化学品鉴定
		0507 杀虫剂鉴定
		0508 除草剂鉴定
		0509 杀鼠剂鉴定
		0510 金属毒物鉴定
		0511 水溶性无机毒物鉴定
		0512 与毒物相关的其他法医毒物鉴定

表 2-4-2 物证类司法鉴定执业分类[1]

序号	领域	分领域及项目
01	文书鉴定	0101 笔迹鉴定
		0102 印章印文鉴定
		0103 印刷文件鉴定
		0104 篡改（污损）文件鉴定

---

[1]《物证类司法鉴定执业分类目录》，载 https://www.moj.gov.cn/pub/sfbgw/zwfw/zwfwbszn/bsznsfjd/202112/t20211228_445102.html，最后访问日期：2024 年 4 月 29 日。

续表

序号	领域	分领域及项目
		0105 文件形成方式鉴定
		0106 特种文件鉴定
		0107 朱墨时序鉴定
		0108 文件材料鉴定
		0109 基于痕迹特征的文件形成时间鉴定
		0110 基于材料特性的文件形成时间鉴定
		0111 文本内容鉴定
02	痕迹鉴定	0201 手印鉴定
		0202 潜在手印显现
		0203 足迹鉴定
		0204 工具痕迹鉴定
		0205 整体分离痕迹鉴定
		0206 枪弹痕迹鉴定
		0207 爆炸痕迹鉴定
		0208 火灾痕迹鉴定
		0209 人体特殊痕迹鉴定
		0210 日用物品损坏痕迹鉴定
		0211 交通事故痕迹物证鉴定
		021101 车辆安全技术状况鉴定
		021102 交通设施安全技术状况鉴定
		021103 交通事故痕迹鉴定
		021104 车辆速度鉴定
		021105 交通事故痕迹物证综合鉴定

续表

序号	领域	分领域及项目
03	微量物证鉴定	0301 化工产品类鉴定
		0302 金属和矿物类鉴定
		0303 纺织品类鉴定
		0304 日用化学品类鉴定
		0305 文化用品类鉴定
		0306 食品类鉴定
		0307 易燃物质类鉴定
		0308 爆炸物类鉴定
		0309 射击残留物类鉴定
		0310 交通事故微量物证鉴定
		0311 火灾微量物证鉴定

表 2-4-3 声像资料类司法鉴定执业分类[1]

序号	领域	分领域及项目
01	录音鉴定	0101 录音处理
		0102 录音真实性鉴定
		0103 录音同一性鉴定
		0104 录音内容分析
		0105 录音作品相似性鉴定

---

[1] 《声像资料司法鉴定执业分类目录》，载 https://www.moj.gov.cn/pub/sfb-gw/zwfw/zwfwbszn/bsznsfjd/202112/t20211228_445101.html，最后访问日期：2024 年 4 月 29 日。

续表

序号	领域	分领域及项目
02	图像鉴定	0201 图像处理
		0202 图像真实性鉴定
		0203 图像同一性鉴定
		0204 图像内容分析
		0205 图像作品相似性鉴定
		0206 特种照相检验
03	电子数据鉴定	0301 电子数据存在性鉴定
		0302 电子数据真实性鉴定
		0303 电子数据功能性鉴定
		0304 电子数据相似性鉴定

表 2-4-4　环境损害司法鉴定主要领域[1]

序号	领域
01	污染物性质鉴定
02	地表水和沉积物环境损害鉴定
03	空气污染环境损害鉴定
04	土壤与地下水环境损害鉴定
05	近海海洋与海岸带环境损害鉴定
06	生态系统环境损害鉴定
07	其他环境损害鉴定

---

[1]《环境损害司法鉴定的主要领域》，载 https://www.moj.gov.cn/pub/sfbgw/zwfw/zwfwbszn/bsznsfjd/202112/t20211228_445099.html，最后访问日期：2024 年 4 月 29 日。

第五节 法庭科学/司法鉴定标准的价值与意义

法庭科学/司法鉴定标准,作为法庭科学技术的度量衡问题,关乎法庭审判的公正与否,有以下的价值与意义。

5.1 概括与引领作用

随着法庭科学/司法鉴定行业的飞速发展,其标准化的内涵也逐步从原先的调控质量的文件升级为行业统领性文件。一切能够为法庭审判提供科学证据的学科,都可以被视作法庭科学学科。对于如此多的学科,其先进性程度及系统性程度还需要有可靠并科学的过程性标准予以统领,这也使得法庭科学诸多学科相互融合及综合。同时,由于法庭科学活动自身的复杂性,也需要找到这些学科之间的统一性。

司法鉴定界形成一致和公认的标准,将有利于司法系统的所有使用者——包括公众、法律从业人士和法庭科学/司法鉴定从业人员——在同一个语境下开展对话。

标准的一致性能够确保方法的稳健性、可重复性和有效性,并确保培训的一致性,以此直接影响法庭上科学证据的质量,增强司法的权威性。我国目前也在积极探索与建设公共安全领域的标准化。2019 年 10 月 14 日,由公安部科技信息化局主办,公安部新闻宣传局、刑事侦查局、物证鉴定中心协办的公共安全行业百项标准发布活动在京举行[1],集中发布了 124 项法庭科学领

---

[1]《公安部发布 124 项公共安全行业标准》,载《中国法医学杂志》2019 年第 6 期。

域技术标准。2023年[1]公安部集中发布了108项法庭科学领域技术标准,这些标准为社会的稳定提供了有力保障。

5.2 伦理价值与意义

法庭科学/司法鉴定活动广泛深入社会生活当中,涉及科研人员、警官、法官、检察官、当事人、律师等群体,常常触碰到伦理问题。例如,对于不明死因的尸体解剖,《中华人民共和国刑事诉讼法》明确规定对于死亡原因不明确的尸体必须解剖,但出于对死者尊重的传统文化,在实务之中往往得不到家属的理解,此时便出现了价值之间的冲突。

2020年10月发布的《中华人民共和国生物安全法》强调要提高相关从业人员的伦理知识和生物安全意识,《中华人民共和国民法典》(简称《民法典》)和《中华人民共和国个人信息保护法》均强调对隐私和信息安全的保护。《民法典》第1009条规定,从事与人体基因等有关的科研活动不得违背伦理;第1032条规定"自然人享有隐私权","隐私是自然人的私人生活安宁和不愿为他人知晓的私密空间、私密活动、私密信息";第1034条第1款规定"自然人的个人信息受法律保护",这些都涉及伦理问题。

法律规范蕴含的伦理价值,只有渗入到具体案件中,才能发挥规范作用,此时需要更为细致的法庭科学/司法鉴定标准为这些伦理问题提供技术支撑,进而达到保障法律实施的目的。目前对于法庭科学/司法鉴定标准化的伦理研究,英美法系国家相对成熟,标准中有"应当""不应"等价值判断的用词,要求法庭

---

[1] 公安部刑侦局:《公安部发布108项公共安全行业标准其中84项属刑事技术》,载《中国法医学杂志》2023年第2期。

科学工作人员客观公正、不偏不倚地收集证据，不轻信言词证据。其背后体现的是对被告人的权利保护的价值理念。[1]

我国《司法鉴定程序通则》第 25 条关于见证的规定："鉴定过程中，需要对无民事行为能力人或者限制民事行为能力人进行身体检查的，应当通知其监护人或者近亲属到场见证；必要时，可以通知委托人到场见证。对被鉴定人进行法医精神病鉴定的，应当通知委托人或者被鉴定人的近亲属或者监护人到场见证。对需要进行尸体解剖的，应当通知委托人或者死者的近亲属或者监护人到场见证。到场见证人员应当在鉴定记录上签名。见证人员未到场的，司法鉴定人不得开展相关鉴定活动，延误时间不计入鉴定时限"，可以认为是对伤者、死者、弱势群体权利保护的伦理体现。

法庭科学/司法鉴定标准的伦理价值问题目前是一个新颖的研究领域。我国法庭科学/司法鉴定标准大多规范技术，尚缺乏伦理支撑。例如，对于公民隐私的保护，鉴定中有一些是法律无法涉及的领域（比如活体损伤鉴定的客观化要求——瘢痕测量、鉴定文书中的附图等），需要在法庭科学/司法鉴定标准建设中，关注伦理问题，并尽到保护隐私的注意义务。

5.3 理论与实务作用

法庭科学标准构建，是强化法庭科学意见准确性、可靠性、有效性的重要途径，在法庭科学领域引入标准化已成为国内外法庭科学界的共识。以美国、澳大利亚、英国等为代表的西方发达国家高度重视标准的基础理论研究。[2] 法庭科学标准对于提高法

---

[1] 彭斯璐、赵兴春、权养科：《法庭科学领域科研伦理建设》，载《科研管理》2019 年第 9 期。

[2] 张宁等：《中外法庭科学标准化研究现状比较与发展趋势》，载《刑事技术》2021 年第 1 期。

庭证据的可靠性、透明度和信任度十分重要。标准有利于统一工作做法，便利不同国家/地区的机构协同工作，以应对跨境调查及发生灾难性事件时相互支持。

标准促进法庭科学结论、信息和情报的交流，包括共享数据库，以确保法庭科学/司法鉴定服务的质量。我国学者越来越关注法庭科学/司法鉴定标准的理论问题，研究包括但不限于以下几方面：①紧跟国际标准理论前沿，研究我国法庭科学/司法鉴定标准，为完善法庭科学/司法鉴定标准理论贡献中国智慧。②审视现状及问题，明晰缺位及不足，使顶层设计和微观治理更具方向性。③构建新型法庭科学标准体系。④衔接三大诉讼法，并符合《标准化法》的要求。此外，法庭科学/司法鉴定证据收集、分析、解释和报告方式的标准化，对于如何利用证据也至关重要。

技术是标准的核心特征，随着全球化的不断深入，标准趋同的趋势越来越明显，各个国家和地区在自身标准建设时，都在迅速向国际标准靠拢，因此，国际法庭科学标准的研究以及比较研究也是理论研究的重要内容。

第三章
法庭科学标准化组织概览

法庭上,事实认定的本质是事实认定者基于证据作出的重现过去事实的经验推理过程[1],这一本质决定了事实认定必须遵循证据裁判原则,在证据的基础上进行。随着科学技术的进步,科学证据逐渐成为事实认定的重要基础,并促进法庭科学/司法鉴定行业蓬勃发展。为了保障法庭科学产品和服务能够达到特定质量水平,增强用户及公众对科学证据的信心,大量法庭科学标准如雨后春笋般出现,并且涵盖了法庭科学/司法鉴定的各个分领域,形成了以"类别+专业"为特色的独特体系。

法庭科学/司法鉴定标准研究的活跃,主要体现在对现有标准的修订、补强,与国际标准的比较研究中,在中国现有标准体系内借鉴或引入国际标准成了新趋势。下面,本章将从法庭科学/司法鉴定标准化组织方面,进行梳理与概要性介绍。

---

[1] 张保生主编:《证据法学》(第三版),中国政法大学出版社2018年版。

第一节　域外组织

1.1 美国法庭科学标准化组织

1.1.1 美国材料与试验协会

美国材料与试验协会（American Society for Testing and Materials，ASTM），前身是国际材料试验协会（International Association for Testing Materials，IATM），是美国最老、最大的非营利性标准学术团体之一，是美国主要的标准制定组织。

国际材料试验协会首次会议于1882年在欧洲召开，主要研究解决钢铁和其他材料的试验方法问题。1902年取名为美国材料试验学会（American Society for Testing Materials）。随着其业务范围的不断扩大和发展，学会的工作包括了制定各种材料、产品、系统、服务项目的特点和性能标准以及试验方法、程序等标准。1961年更名为美国材料与试验协会并沿用至今。

国际材料试验协会拥有超过140个技术委员会，截至目前已发布超过12 000个标准。E30是它的法庭科学标准委员会，该委员会成立于1970年，每年召开一次委员会会议，目前下设5个分委员会，有381名成员，已发布72项法庭科学标准。这些标准大都相对简短，涵盖法庭科学不同分领域的各种科学方法，包括刑事科学技术、数字和多媒体证据、火灾碎片分析、药物测试分析、实体和数字证据的收集和保存等方面[1]。

---

[1] American Society for Testing and Materials（ASTM International），"Committee E30 on Forensic Sciences", available at https://www.astm.org/get-involved/technical-committees/committee-e30, last visited on 2024-6-8.

1.1.2 美国科学委员会

除 E30 外,美国国家标准与技术研究院(National Institute of Standards and Technology,NIST)管理的美国科学委员会(OSAC)也是重要的法庭科学标准制定组织,该组织的使命是促进技术上可靠的法庭科学标准的发展,并推动美国法庭科学界、认证和认可机构以及司法系统采纳这些标准。这些标准通过详细阐述最低要求、最佳实践和标准协议来促进标准化,进而确保法庭科学/司法鉴定证据的可靠性与有效性。美国科学委员会创立了美国科学委员会注册表(Registry)作为标准的存储库,其包含两类标准,分别是由外部标准开发组织(SDOs)制定的达成共识且已公布的标准和由美国科学委员会起草并提交给外部标准开发组织进行进一步开发和发布的标准。该注册表目前包含了 178 项法庭科学标准,包括 124 项已发布标准和 54 项美国科学委员会起草标准,涵盖法医人类学、生物学/DNA、血迹模式分析、犯罪现场调查、数字证据、面部和虹膜识别、火灾和爆炸调查、火灾碎片和爆炸物、枪械和工具标记、鞋类和轮胎、文件检查和跨学科法庭科学/司法鉴定等不同领域[1]。

由于法庭科学/司法鉴定涉及学科的广泛性,并且每一个学科均有自己的专属术语,美国科学委员会创建了法庭科学术语词典。2016 年美国科学委员会的法庭科学标准委员会要求各专业委员会识别和收集与法庭科学相关的现有标准,并按照专业分类形成统一的、可搜索的词典。词典中的术语与概念来源于已发布的文献,包括相关标准、专业词典、科学工作组文件、书籍、期刊文章和技术报告。此外,美国科学委员会小组委员会也制定和修

---

[1] The Organization of Scientific Area Committees for Forensic Science, "OSAC Registry", available at https://www.nist.gov/organization-scientific-area-committees-forensic-science/osac-registry, last visited on 2024-6-8.

改了很多术语[1]。

在特定专业领域,美国法庭科学标准化委员会提供了犯罪现场勘查与血迹形态两个术语标准;在通用术语标准方面,纳入了美国材料与试验协会的《法庭科学术语标准》(ASTM E1732-17)。[2]除术语词典外,美国科学委员会还公布了29项首选术语,这些术语均是法庭科学标准开发所需的基础术语。美国科学委员会术语词典共包括4000余项术语,在美国科学委员会的术语词典网站上,可以对相关术语予以检索。可通过首字母浏览其涉及的术语,如以A为首字母,共展示出200余项记录,每项记录包含术语、定义、发布的标准委员会及最后的修订时间。美国科学委员会术语词典会定期更新。标准开发组织在研制新标准时,若美国科学委员会术语词典或美国科学委员会首选术语当中有可用的术语,则会优先选用。这种统一的术语词典的设置及术语使用方式的规范,可以有效避免不同标准之间术语出现冲突的情况,减少标准间的重复、交叉与矛盾。[3]

1.2 英国

在英国,最大的标准制定组织是成立于1901年的英国标准协会(British Standards Institution,BSI),其于2012年发布了一份针对法庭科学的公开规范(Publicly Available Specification,PAS)377:2012,规定了法庭科学检材的收集处理和保存。与之

---

[1] 陶玉婷、卢江鑫、袁丽:《美国OSAC模式对于我国法庭科学标准化发展的借鉴》,载《证据科学》2022年第3期。

[2] NIST, "OSAC Releases an Online Lexicon for the Forensic Sciences", available at https://www.nist.gov/news-events/news/2018/03/osac-releases-online-lexicon-forensic-sciences, last visited on 2024-6-8.

[3] 陶玉婷、卢江鑫、袁丽:《美国OSAC模式对于我国法庭科学标准化发展的借鉴》,载《证据科学》2022年第3期。

对应,英国法庭科学监管机构(The Forensic Science Regulator)发布了针对刑事司法系统中的法庭科学从业者的法庭科学实践准则,详细说明了高质量法庭科学的特定要求[1]。除了更新实践准则,监管机构还就法庭科学实践的重要方面发布指导文件,如法律义务(法庭科学监管机构,2018a、2018b、2018c、2018d、2018e)、报告内容(法庭科学监管机构,2019a、2019b)以及特定学科的指导,如对混合DNA样本的解读(法庭科学监管机构,2018c)[2]。

英国的法院、检察院不设立自己的鉴定机构,部分警察局按需设立。在英国,有许多专门的司法鉴定/法庭科学服务机构,英格兰和威尔士鉴定科学服务局及苏格兰的鉴定同盟会是英国的两个比较大的司法鉴定/法庭科学服务机构。它们在全英国提供所有的鉴定技术,引领各个鉴定机构与其共同组成英国的司法鉴定/法庭科学服务网络。这些机构不仅接受警察局等执法机构的委托,也接受公司或个人的委托从事司法鉴定/法庭科学工作。

英国的内政部、检察院和警察局共同成立了一个法庭科学管理委员会,由该委员会对法庭科学事务进行统一管理,指导全国的司法鉴定/法庭科学工作。鉴定机构有统一的技术标准。

1.3 澳大利亚法庭科学标准化组织

澳大利亚作为英美法系国家之一,其标准化经验丰富。19世纪末,在进入工业化社会后,由于工伤事件频发,澳大利亚政府

---

[1] GOV.UK, "Forensic Science Activities: Statutory Code of Practice", available at https://www.gov.uk/government/publications/statutory-code-of-practice-for-forensic-science-activities, last visited on 2024-6-8.

[2] Sean Doyle, "A Review of the Current Quality Standards Framework Supporting Forensic Science: Risks and Opportunities", *WIREs Forensic Science*, Vol.2, 3 (2019).

开始以标准化手段开展社会治理。澳大利亚联邦工程标准协会（Australian Commonwealth Engineering Standards Association，ACE-SA）于1922年成立，随后几经变更于1988年正式更名为澳大利亚标准协会（SA）[1]。澳大利亚标准协会是联邦政府认定的国家标准制定组织，是非营利的非政府组织[2]，其与澳大利亚联邦政府签订了谅解备忘录，通过与政府、行业和社区合作，协调标准化活动。[3]澳大利亚标准协会制定研发的标准也得到了国际上的广泛认可，1998年，澳大利亚标准协会利用互联网将其国内优秀的标准推销至全球，极大地促进了澳大利亚标准协会自身的发展和国际法庭科学标准的发展。[4]

澳大利亚标准协会以"政府授权，民间管理"的模式运营，保持着高度的灵活性和专业性。澳大利亚全国的标准化工作大部分都由澳大利亚标准协会管理。澳大利亚标准协会于2012年发布了著名的法庭科学标准AS 5388系列。该系列标准以法庭科学的"过程"统领各专业领域的技术"活动"，包含了勘验、检验、解释、报告四大基本模块，建立了以专门知识服务实战应用的基本"架构"[5]。该标准的基本原理是制定一个从犯罪现场到报告统摄法庭科学全过程的通用标准，该标准被形容为人体的脊柱，既需要足够的刚性骨架来支撑个体，亦需要足够的柔性肌肉来进

---

[1] 澳大利亚标准协会（SA）网站，参见 https://www.standards.org.au/，最后访问日期：2024年6月8日。

[2] 澳大利亚标准协会（SA）网站，参见 https://www.standards.org.au/，最后访问日期：2024年6月8日。

[3] 张彦、刘春青：《澳大利亚标准化管理体制机制研究》，载《标准科学》2018年第4期。

[4] Standards Australia,"Our History", available at https://www.standards.org.au/about/our-history, last visited on 2024-6-8.

[5] 关颖雄：《澳大利亚法庭科学系列标准AS 5388的研究》，载《中国标准化》2017年第19期。

行正常的活动，各专业标准与之相连，形成了完整的法庭科学标准结构。国际标准化组织下设的法庭科学技术委员会（ISO/TC 272）和其制定的 ISO 21043 法庭科学系列国际标准，即充分借鉴了 AS 5388 法庭科学系列标准的精髓。[1]

1.4 加拿大法庭科学标准化组织

加拿大标准委员会（Standards Council of Canada，SCC）是加拿大联邦政府标准化工作的最高机构，主要承担管理标准开发组织，开展标准的制定、开发工作等职能。[2]关于标准类型的划分，加拿大标准委员会认为包括国际标准/地区标准与国内标准，宗旨是"一个标准，一个检测"，以保证国内标准与国际标准/地区标准的一致性。在标准是否过时方面，其要求标准能够为企业提供最新的技术和安全功能。如果利益相关者有意过渡到不同的标准，并能够减少对现有标准的干扰，加拿大标准委员会一般会暂时允许类似标准的实施。

加拿大标准委员会一直与众多利益相关者合作，就如何加强加拿大标准信息化、解决标准重复和交叉问题征求意见和建议，并制定了减少加拿大标准重复和标准化工作相关人员重复工作的解决方案（duplication resolution mechanism），具体文件在《加拿大标准制定计划概述》（*Canadian Standards Development Program Overview*）中有所阐释。

加拿大标准委员会开发了一套集中通知系统，将其认可的标准开发组织的新项目意向发布在系统中，也将来自这些标准开发

---

〔1〕 关颖雄：《澳大利亚法庭科学系列标准 AS 5388 的研究》，载《中国标准化》2017 年第 19 期。

〔2〕 翟晚枫、张宁、花锋：《中外法庭科学标准体系建设比较研究》，载《刑事技术》2022 年第 3 期。

组织的已发布标准库公布在系统中，为标准开发组织提供单一访问的接口，便于标准开发组织获取有关标准开发/制定活动的信息。这种信息系统集中、开放和透明，在解决标准的重复与交叉难题上行之有效。[1]

第二节 区域与国际组织

2.1 区域法庭科学标准制定组织

欧洲独特的政治、历史、社会等，使其区域性标准制定组织具有非常大的影响力。三个官方标准制定组织分别是欧洲标准化委员会（CEN）、欧洲电工标准化委员会（CENELEC）以及欧洲电信标准协会（ETSI）。法庭科学标准的制定主要是在欧洲标准化委员会内。欧洲标准化委员会的法庭科学标准委员会编号为CEN/TC 419，即CEN/TC 419项目委员会，该委员会致力于制定欧洲法庭科学服务标准，至今已经颁布了多份法庭科学相关标准，其最新的标准成果为尚在起草阶段的pr EN ISO 21043系列标准。应当注意的是，CEN/TC 419项目委员会已于2017年将所有关于定义法庭科学程序标准的制定工作转移给了国际标准化组织。

2.2 欧洲法庭科学联盟

为了保证法庭科学的工作质量，以使整个欧洲法庭科学的发展和服务质量处于世界领先地位，1992年第10届国际刑警组织

---

[1] 参见加拿大标准委员会网站，https://www.scc.ca/，最后访问日期：2024年6月8日。

法庭科学专题研讨会倡议建立欧洲法庭科学联盟。欧洲法庭科学联盟（ENFSI）于1995年10月在荷兰正式成立，2004年确定以荷兰法庭科学研究所为其永久基地，并依托该研究所设立了常务秘书处。欧洲法庭科学联盟是以实验室为单位参加的联盟，其成员数量逐步增多，2021年已有欧洲39个国家和地区的73所法庭科学实验室参加。欧洲法庭科学联盟下辖三个常务委员会：质量与能力常务委员会（QCC）、欧洲法庭科学研究所常务委员会和专家工作组常务委员会。2006年底，欧洲法庭科学联盟制定了基于认证认可的ISO/IEC 17020、《在犯罪现场调查领域的实施指南》等。

欧洲法庭科学联盟的活动包括三项：①组织会议和科学研讨会、合作研究以及能力测试；②就法庭科学问题向相关合作伙伴提供咨询；③出版最佳实践手册（Best Practicable Means，BPM）。其中，最佳实践手册是欧洲法庭科学联盟的重要成果，也是标准文件，共包括15类24项文件，包含动植物及土壤、数字图像、DNA、药品、炸药、指纹、枪支、火灾和爆炸调查、电子证据、语音识别、笔迹、油漆、玻璃、交通事故、现场勘验、纺织品和头发鉴定等专业内容。最佳实践手册的开发一般基于专家共识，并对定义、文件代码、结构布局、附录、术语、内容、目的、适用范围等有所要求。

2.3 主要的国际标准化组织

国际标准化组织是世界上最大的非政府性标准化专门机构，1946年成立于瑞士日内瓦，在国际标准化中占主导地位。国际标准化组织有正式成员国100多个，我国是其中之一。国际标准化组织负责制定在世界范围内通用的国际标准，以推进国际贸易和科学技术的发展。其主要活动是制定国际标准，协调世界范围内的标准化工作,开展情报交流,以及与其他国际性组织进行合作,共同研究有关标准化的问题。

国际标准化组织下设技术委员会和项目委员会负责具体标准的制定,其中技术委员会(TC)是永久委员会,负责标准的制定,而项目委员会(PC)则是为制定特定标准而成立的临时委员会。

当前国际标准化组织负责法庭科学标准制定的委员会为 TC 272,该委员会于 2013 年 4 月作为一个项目委员会成立,负责制定(现已发布)《最小化用于收集、存储和分析生物材料用于法医目的的产品中人类 DNA 污染的风险-要求》(ISO 18385：2016)。2015 年 12 月,为了进一步开发法庭科学/司法鉴定标准,项目委员会转变为技术委员会。截至目前,TC 272 有 27 个参与国成员和 20 个观察国成员,已发布 3 项标准,目前正在起草 5 项标准。TC 272 不仅可以与国际标准化组织下属的其他委员会联络互动,互相参与标准的制定过程,还与国际实验室认可合作组织设置了联络机制。

TC 272 的工作职责为:法庭科学领域的标准化和指导。包括在广泛的一般领域中制定法庭科学实验室中的技术和方法的标准,如物证的检测和采集、随后的分析和解释以及最终的报告。TC 272 不涉及由国际标准化组织合格评定委员会(CASCO)制定的合格评定标准。

TC 272 制定的 ISO 21043 法庭科学系列国际标准,是以 AS 5388 标准为蓝本研制的,旨在解决国际法庭科学标准欠缺问题,建立统一的实践标准,促进不同司法管辖区的法庭科学实验室/机构互相合作,交换鉴定结果、意见、信息和情报,共享数据库,共同应对灾难性事件[1]。ISO 21043 标准作为国际标准化组

---

[1] See https://ww.iso.org/standard/69732.html, last visited on 2024-6-8.

织在法庭科学领域的顶层设计,规定了法庭科学实施过程中的一系列程序和质量要求,覆盖了法庭科学领域的术语、定义,物证发现、记录、收集、运输、存储、分析、解释、报告的全流程[1]。与 AS 5388 相比,ISO 21043 规范的范围更广,其条款更简明扼要,旨在描述"应做什么",而不是"如何做"或"谁来做"[2]。由操作指南和标准操作程序(Standard Operating Procedure,SOP)描述"如何做",由国家法规和政策决定"谁来做"。

国际标准化组织开发的标准发布后,成员国没有义务必须使用这些标准,而是可以选择保留其自身国家标准,或者学习新的国际标准化组织标准以更新本国国家标准,或者选择采用最新的国际标准化组织标准替代原标准。[3]通用型标准(或称跨学科标准)的建设是法庭科学标准化工作的重点,主要是为了解决标准间的协调性问题。

2.4 国际标准化组织国际法庭科学标准体系

ISO 21043 标准由五个部分构成。

第一部分:术语和定义。旨在提供一个规范法庭科学术语使用与含义的词汇表。

第二部分:检验对象的识别、记录、收集、运输和存储。旨在规范检验对象处理流程中的重要环节。

第三部分:分析。旨在保证对检验对象进行法庭科学分析时使用合适的方法、控制措施、人员和分析策略。

---

[1] 张宁、翟晚枫、花锋:《法庭科学国际标准制定工作研究与启示》,载《刑事技术》2020 年第 3 期。

[2] ISO 21043-1: 2018 Forensic Sciences Part 1: Terms and Definitions, available at https://www.iso.org/standard/69732.html, last visited on 2024-6-8.

[3] The Vienna Agreement CEN Cooperation with ISO, available at https://www.cencenelec.eu/about-cen/cen-and-iso-cooperation/, last visited on 2024-6-8.

第四部分：解释。旨在规范观察结果的解释过程。

第五部分：报告。旨在保证法庭科学报告准确、清晰、透明、完整、明确、公正并符合预期用途。各部分关系详见图 3-2-1。

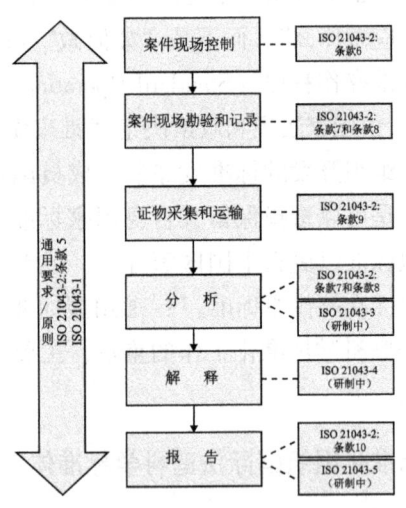

图 3-2-1 法庭科学过程要素与 ISO 21043 系列标准之间的关系

第三节 我国法庭科学标准组织与标准体系

3.1 中国法庭科学标准的管理部门

从我国法庭科学标准化的归口管理部门角度来看，我国法庭科学领域的大多数技术标准是由全国刑事技术标准化技术委员会（TC179，全书简称"刑标委"）制定、发布和归口管理的。[1]

---

[1] 王旭、陈军：《加强法庭科学跨行业研讨 促进法庭科学标准化建设》，载《中国司法》2018 年第 10 期。

刑标委成立于 1991 年，由公安部归口管理与协调建设，人员是来自全国各地的公检法司相关专家，以公安系统的专家为主，下设十个分委会，分别负责各自法庭科学领域内的标准研制工作。[1]

相关文献显示："截至 2016 年 6 月，中国法庭科学领域国家标准和行业标准总量达 370 余项，内容涉及法庭科学专业发展的多个领域，覆盖了毒化、理化、法医、指纹、痕迹、照相、电子物证、文件检验鉴定、刑事信息、刑事技术产品、现场勘查、智能语音技术和心理测试技术等多个专业。"[2]

截至 2024 年 6 月，公共安全行业标准总量为 2833 项，[3]其中涵盖法庭科学行业标准多项，如图 3-3-1。

图 3-3-1 法庭科学行业标准

除此之外，还有其他非公检法司部门的技术标准，例如 2014

---

[1] 花锋、周红：《中美法庭科学领域标准化工作比较研究》，载《刑事技术》2016 年第 1 期。

[2] 王旭、陈军：《加强法庭科学跨行业研讨 促进法庭科学标准化建设》，载《中国司法》2018 年第 10 期。

[3] 参见 http://hbba.sacinfo.org.cn/stdlist?key=，最后访问日期：2024 年 6 月 8 日。

年由国家质量监督检验检疫总局、中国国家标准化管理委员会发布的《劳动能力鉴定 职工工伤与职业病致残等级》(GB/T 16180-2014)，其本质上属于法庭科学/司法鉴定标准的一部分。

3.2 中国法庭科学（刑事技术）标准的体系建设

我国法庭科学标准建设由政府主导，法庭科学领域的标准是由公安部下属的刑标委主持修订的。目前，刑标委下设十个分委员会，涵盖毒物分析、刑事信息、指纹检验、法医检验等法庭科学分领域，共发布法庭科学相关的国家标准 79 项，行业标准 424 项。在此基础上，刑标委在 2019 年构建了法庭科学标准体系[1]（如图 3-3-2），将标准分类为基础标准、技术标准、管理标准。《法庭科学标准体系结构》（GA/Z 1600-2019）中涵盖了 13 个一级专业类别，下分为 22 个业务门类。该标准体系反映了刑标委对法庭科学领域的全面认识，体系中包括已颁布、在编和拟编的标准共 1199 项[2]。

图 3-3-2 法庭科学标准体系

注：××指上一层中的"01—14……"

----

[1]《法庭科学标准体系结构》（GA/Z 1600-2019）。
[2] 张宁等：《中外法庭科学标准化研究现状比较与发展趋势》，载《刑事技术》2021 年第 1 期。

3.3 中国司法鉴定标准的体系建设

在 2010 年至 2015 年间，司法部司法鉴定管理局发布了 74 项法庭科学技术规范，如《人身损害后续诊疗项目评定指南》（SF/Z JD0103008-2015）、《法医临床检验规范》（SF/Z JD0103003-2011）等，开展标准建设工作[1]。

2020 年，司法部发布了《司法鉴定行业标准体系》（SF/T 0061-2020），意味着我国司法鉴定行业也拥有了独立的标准体系。该体系与刑标委的法庭科学标准体系有诸多相似之处，但仍有自己的独到之处。

首先，SF/T 0061-2020 规定各专业只制定技术标准，不再自行制定基础标准和管理标准，而刑标委体系则允许各专业根据实际情况编制不同类型的标准，如 2019 年发布的《法庭科学文件检验标准体系表》（GA/T 1687-2019）。

其次，SF/T 0061-2020 不仅是现有标准的集合，还是对司法鉴定行业标准化工作的总体规划，后续标准、专业标准分体系都需按照本标准的要求制定，而刑标委 GA/Z 1600-2019 更多体现对已颁布、在编和拟编法庭科学标准的梳理。

最后，SF/T 0061-2020 的明细表中包含了司法部的部门规章和部颁文件，这与刑标委体系不完全相同。

---

[1] 朱晋峰、沈敏:《司法鉴定标准化法制机制建设研究》，载《中国司法鉴定》2018 年第 1 期。

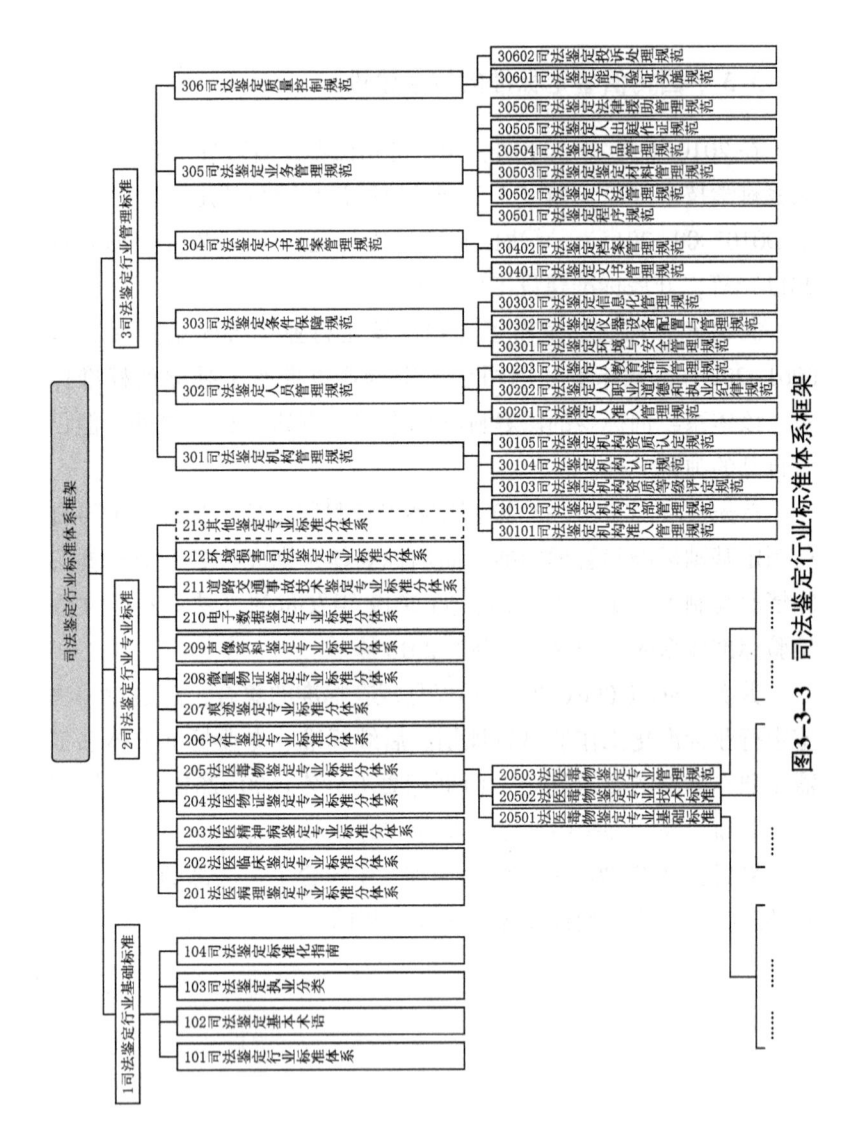

图3-3-3 司法鉴行业标准体系框架

国内法庭科学的发展，以法医学（学科成熟、研究对象清晰多元）为突出代表，可以凝练为法医学的主要理论和技术涉及三个方面：一是与法律有关的人身损害问题，包括损害征象、成因、机制、后果及对后果的科学评价，覆盖物理、化学、生物、应激等因素所致的各种损伤；二是与法律有关的各类死亡问题，包括死亡分类、死亡方式、死亡机制、死亡时间、死亡原因；三是与法律有关的身份鉴识问题，包括个体识别、亲缘关系认定。这三个方面问题的研究和解决分别由法医病理学、法医物证学、法医临床学、法医毒物分析、法医毒理学、法医精神病学、法医法学、法医现场学等分支学科承载，其相应的标准体系也通过总领域与分领域分别进行建设。

第四章
《标准化法》的启示

第一节 《标准化法》解析

1.1 《标准化法》概述

2017 年，我国新修订的《标准化法》颁布，提出了一些新的理念与诸多要求。《标准化法》尤其强调标准化活动的规范性，形成了涵盖标准制定、实施、监督管理、法律责任的框架体系。法庭科学/司法鉴定标准化建设应当从整体出发，在《标准化法》的体系框架内进行反思，重视标准化活动的程序正义，结合法庭科学/司法鉴定的自身特性和实践需要，探讨我国法庭科学/司法鉴定标准与标准化存在的问题与建设路径。《标准化法》以标准运行的全流程为分割点，通过规定标准的监督管理和法律责任，一方面促进标准高质量发展，另一方面实现标准化法治。

在总则方面，《标准化法》规定了立法目的、标准的范围及分类、经费来源、制定标准的基本要求、标准化工作的管理体制、标准化协调机制、鼓励各方参与、鼓励参与国际标准化、表彰奖励等。标准制定范围包含了社会事业领域，并明确标准样品是实物标准，属于标准体系的组成部分。标准的类型上确立了团体标准的法律地位。此外，还明确了两项原则，一是国际化原则，二是鼓励民间开展或者参与标准化工作。并将国际化原则的内涵进一步扩充，由被动接受国际标准转向积极参与国际标准化活动。

在标准的制定方面，《标准化法》规定了标准制定的范围、原则、要求、编号、主体及程序，行业标准、地方标准的备案要求，优先制定急需标准，标准化技术委员会和专家组，标准免费公开，标准的技术要求等。在标准制定过程中的"项目提出""组织起草""征求意见"和"技术审查"等关键环节作了基本要求，重视标准制定的程序正义，科学合理、公开公正、规范透明地开展工作。旨在调整标准供给结构，优化政府颁布标准与市场自主制定标准二元结构，大幅提升市场自主制定标准的比重。大力发展团体标准，实施团体标准培优计划，推进团体标准应用示范，充分发挥技术优势企业作用，引导社会团体制定原创性、高质量标准。

在标准的实施方面，《标准化法》规定了强制性标准的法律效力，出口产品和服务的技术要求，团体标准和企业标准自我声明公开和监督制度，技术创新的标准化要求，标准实施的统计分析报告和信息反馈、评估、复审制度，标准之间重复交叉等问题的处理，标准化试点示范、标准化宣贯等。

在监督管理方面，《标准化法》规定了标准监督管理体制，标准争议解决机制，对政府主导制定的未依法编号、复审或者备案的标准进行处理，举报投诉等。《标准化法》第 21 条明确了不同级别的标准争议解决机制，而标准争议解决机制旨在解决同级别的标准之间的争议，由此构建了横向和纵向的标准争议解决机制。

在法律责任方面，《标准化法》规定了企业产品、服务在违反标准时应当承担的法律责任类型,企业未依法履行标准自我声明公开义务、违反标准制定基本原则的处理方式,标准制定部门拒不改正的法律责任,社会团体、企业制定的标准未依法编号的法律责任,标准化监督管理人员渎职行为的处理措施等。

在附则,《标准化法》规定了军用标准的管理及法律施行日期。

通过《标准化法》的框架梳理,我们可以清晰地看出,《标准化法》通过规定标准的监督管理和法律责任,一方面促进了标准高质量发展,另一方面推动了标准化法治的实现。然而我国目前法庭科学/司法鉴定标准化建设侧重于标准的制定方面,却忽视了标准的实施、监督管理及法律责任方面的制度建设。

1.2 《标准化法》视角下我国法庭科学标准的问题

以《标准化法》来检视我国法庭科学/司法鉴定标准化建设,存在如下问题。

1.2.1 标准制定主体方面

标准归口单位多,包括刑标委、司法部、人力资源和社会保障部等,详见表4-1-1;标准管理混乱;标准起草单位数量过少,制定参与主体组成不具有广泛性。

表 4-1-1 鉴定方法/技术规范一览

(法医临床学专业 截止日期 2020 年 8 月 31 日)

序号	鉴定方法/技术规范名称	方法/技术规范等级	方法/技术规范编号	发布部门	实施日期
1	《法医临床检验规范》	技术规范	SF/Z JD0103003-2011	司法部司法鉴定管理局	2011年3月17日
2	《人体损伤程度鉴定标准》	部门规章		"两院三部"(最高人民法院、最高人民检察院、公安部、国家安全部、司法部)联合发布	2014年1月1日
3	《劳动能力鉴定 职工工伤与职业病致残等级》	国家标准	GB/T 16180-2014	国家质量监督检验检疫总局、国家标准化管理委员会	2015年1月1日
4	《职工非因工伤残或因病丧失劳动能力程度鉴定标准(试行)》	部门规章	劳社部发〔2002〕8号	劳动和社会保障部	2002年4月5日
5	《道路交通事故受伤人员救治项目评定规范》	行业标准	GA/T 769-2008	公安部	2008年10月1日
6	《道路交通事故受伤人员治疗终结时间》	行业标准	GA/T 1088-2013	公安部	2013年12月1日
7	《人身保险伤残评定标准及代码》	行业标准	JR/T 0083-2013	中国保险监督管理委员会	2014年1月17日
8	《残疾人残疾分类和分级》	国家标准	GB/T 26341-2010	国家质量监督检验检疫总局、国家标准化管理委员会	2011年5月1日
9	《暂予监外执行规定》	部门规章	司发通〔2014〕112号	五部委(最高人民法院、最高人民检察院、公安部、司法部、国家卫生和计划生育委员会)	2014年12月1日

1.2.2 标准制定质量方面

在科学依据问题上,我国的法庭科学/司法鉴定标准中,技术方法的经验性过强,标准中大量步骤依赖主观判断,部分方法存在缺陷,如指标(尤其是临界值、极值)的设置,缺乏可靠依据,经不起推敲。

1.2.3 制定标准方面

我国的标准制定单位多,标准的制定程序尚不完善,标准的制定缺乏明确的论证、调研、实验和评估制度。同时，标准的结构分布不合理，暴露出协调性差、标准之间出现断层等现象。以伤残标准为例，《劳动能力鉴定 职工工伤与职业病致残等级》（GB/T 16180-2014）、《人体损伤致残程度分级》（2017年1月1日执行）、《人身保险伤残评定标准及代码》（JR/T 0083-2013），仅在标准分级中的条款数量（详见图4-1-1）上就不协调、不统一。

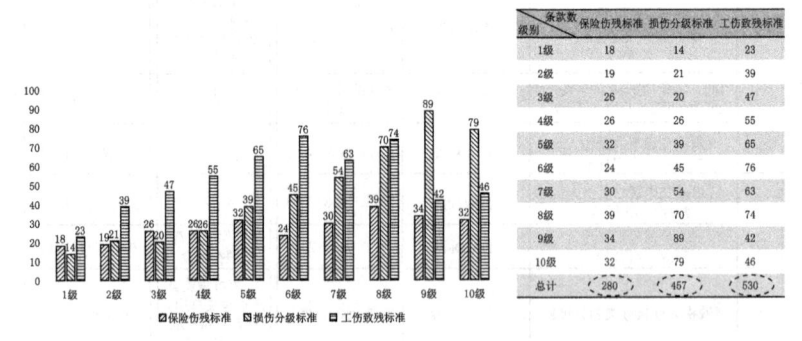

条款数级别	保险伤残标准	损伤分级标准	工伤致残标准
1级	18	14	23
2级	19	21	39
3级	26	20	47
4级	26	26	55
5级	32	39	65
6级	24	45	76
7级	30	54	63
8级	39	70	74
9级	34	89	42
10级	32	79	46
总计	280	457	530

图4-1-1 三大伤残评定标准在残疾条款数量上的比较

1.2.4 法庭科学/司法鉴定标准的实施问题

澳大利亚标准协会认为标准是反映科学、技术和系统进步的"活"文件，标准应定期审查，至少五年审查一次，并可随时发布修订版本。而我国的法庭科学/司法鉴定标准执行效率较低，实施信息的反馈机制缺失。

1.2.5 法庭科学/司法鉴定标准的监督管理问题

我国的法庭科学/司法鉴定标准监督机制、宣贯机制欠缺。监督和宣贯缺乏工作细则进行规范指引。

1.2.6 法律责任问题

我国的法庭科学/司法鉴定标准并未详细规定违反法庭科学

标准的司法鉴定机构及司法鉴定人的法律责任。《司法鉴定机构登记管理办法（修订征求意见稿）》及《司法鉴定人登记管理办法（修订征求意见稿）》均有对遵守司法鉴定技术标准、操作规范的规定，但是在二者的法律责任一章中均未明确规定违反技术标准和操作规范的法律后果。

第二节 《司法鉴定标准化工作指南》的审视

2021年司法部发布了《司法鉴定标准化工作指南》，这是迄今为止，在法庭科学/司法鉴定标准化工作领域的第一个指南，体现了法庭科学/司法鉴定标准化工作有了新突破。本书将对该指南与《标准化法》的条文进行比对，以更直观地反映出目前司法鉴定/法庭科学标准化方面的进展与不足。

《司法鉴定标准化工作指南》的内容包括基本原则、组织机构和职责、标准制定、标准实施和监督及标准的复审。对照表详见表4-2-1。

表4-2-1 《标准化法》与《司法鉴定标准化工作指南》条文对照表

	《标准化法》	《司法鉴定标准化工作指南》
组织机构和职责/工作机制	第5条 国务院标准化行政主管部门统一管理全国标准化工作。国务院有关行政主管部门分工管理本部门、本行业的标准化工作。县级以上地方人民政府标准化行政主管部门统一管理本行政区域内的标准化工作。县级以上地方人民政府有关行政主管部门分工管理本行政区域内本部门、本行业的标准化工作。第11条第2款 推荐性国家	4.2 科学合理 科学研制和实施司法鉴定标准，符合司法鉴定行业的职能定位和发展要求。 5 组织机构和职责 在司法部标准化归口管理部门的指导下，司法鉴定标准化专家委员会、秘书处和专业组分工负责司法鉴定领域的标准化技术工作。具体如下： a) 司法鉴定标准化专家委员会负责司法鉴定标准化的技术归口工作； b) 秘书处设在司法鉴定科学研究院，负责标准化日常事务，协调各专业组开展工作； c) 专业组负责司法鉴定各分专业领域的标准制修订工作。

续表

	《标准化法》	《司法鉴定标准化工作指南》
	标准由国务院标准化行政主管部门制定。	
	第11条第1款 对满足基础通用、与强制性国家标准配套、对各有关行业起引领作用等需要的技术要求，可以制定推荐性国家标准。	6.1 标准制定范围 司法鉴定标准制定范围参照 SF/T 0061 的相关要求。
标准制定	第10条第2款 国务院有关行政主管部门依据职责负责强制性国家标准的项目提出、组织起草、征求意见和技术审查。国务院标准化行政主管部门负责强制性国家标准的立项、编号和对外通报。国务院标准化行政主管部门应当对拟制定的强制性国家标准是否符合前款规定进行立项审查，对符合前款规定的予以立项。	6.2 标准制定程序 司法鉴定标准制定程序主要包括标准项目申报、立项、起草、征求意见、审查和报批发布等阶段。
	第16条 制定推荐性标准，应当组织由相关方组成的标准化技术委员会，承担标准的起草、技术审查工作。制定强制性标准，可以委托相关标准化技术委员会承担标准的起草、技术审查工作。未组成标准化技术委员会的，应当成立专家组承担相关标准的起草、技术审查工作。标准化技术委员会和专家组的组成应当具有广泛代表性。	6.3 项目申报 司法鉴定标准申报宜采用"随时申报、分类评估、定期下达"的方式进行。秘书处负责收集和汇总司法鉴定标准项目建议。申报材料包括下列材料的电子版和纸质版： a) 标准项目建议书； b) 标准草案； c) 项目预研报告或论证会议纪要。
		6.4 项目立项 专业组根据提交的标准项目建议申报材料，对标准项目建议进行初审，并将通过初审的项目建议报秘书处复审。复审通过后，形成标准立项计划。标准的立项宜满足科学性、必要性、协调性和可行性，同时符合专业标准体系的总体规划。

第四章 《标准化法》的启示

续表

		《标准化法》	《司法鉴定标准化工作指南》
标准制定			立项宜采用会议评审和通讯评审相结合的方式进行。
			6.5 标准起草 标准立项后,标准牵头起草单位宜组建具有广泛代表性并具备相应技术能力的标准起草组编制标准。标准起草组在广泛调研、深入研讨和试验论证的基础上,完成标准征求意见稿及相应的编制说明。 标准起草除按照 GB/T 1.1 的规定外,对于起草不同类型的司法鉴定标准还需要符合 GB/T 20000(所有部分)或 GB/T 20001(所有部分)中相应类型标准的编写规定,并满足以下要求: a) 符合国家相关法律法规的要求; b) 与现行标准协调一致; c) 具有较强的适用性和可推广性。
			6.6 标准征求意见 标准在起草过程中宜广泛征求标准相关方的意见和建议,征求意见宜通过网站征集和定向征集同步进行。征求意见期限一般不少于 30 日。 标准起草组根据反馈意见对标准征求意见稿进行修改后形成标准送审稿、编制说明和征求意见汇总处理表。
			6.7 标准审查 司法鉴定标准审查宜按照以下步骤进行: a) 专业组对标准送审稿进行技术初审,初审包括标准是否与立项时设立的内容一致、标准技术内容是否科学合理、标准是否与法律法规、现行相关标准协调一致。必要时,专业组宜召开分专业标准初审会; b) 专业组将初审通过后的标准送审稿、编制说明、征求意见汇总处理表和初审会议纪要(如果有)等提交秘书处进行复核,复核内容包括标准制定程序是否符合要求、标准结构是否合理和编写格式是否规范等; c) 秘书处将复核通过后的标准送审稿提交司法部标准化归口管理部门,由司法部标准化归口管理部门会同业务司局组织召开标准送审稿审查会。审查会

· 077 ·

续表

	《标准化法》	《司法鉴定标准化工作指南》
标准制定		的专家宜充分体现广泛性和代表性; d) 标准起草组根据审查会审查结论,对标准送审稿进行修改完善,形成标准报批稿和审查会意见汇总表后,经秘书处报司法鉴定标准化专家委员会审查; e) 司法鉴定标准化专家委员会审查后,将审查意见提交秘书处。
	第24条 标准应当按照编号规则进行编号。标准的编号规则由国务院标准化行政主管部门制定并公布。	6.8 标准批准发布 秘书处根据6.7 e) 的审查意见,将审查通过的标准报批稿、编制说明和审查会意见汇总表报司法部标准化归口管理部门审批发布。 司法鉴定行业标准和技术规范宜按照 SF/T 0062 确定的规则进行编号。
标准实施、监督	第32条 县级以上人民政府标准化行政主管部门、有关行政主管部门依据法定职责,对标准的制定进行指导和监督,对标准的实施进行监督检查。	4.3 注重实效 发挥标准的规范和引领作用,保障司法鉴定程序规范和结果可靠。 4.5 开放共享 接受社会监督,向全社会免费公开并推广使用司法鉴定标准。 7 标准实施和监督 7.1 司法鉴定机构和鉴定人宜执行已发布实施的司法鉴定标准和技术规范。 7.2 司法鉴定机构宜设置标准化专职管理人员,负责机构内标准和方法的选择、验证和确认,并对机构内不符合标准的行为进行纠正和采取处理措施。 7.3 司法鉴定业务主管部门负责业务领域内标准的实施和监督,并组织开展标准的宣贯和培训工作。 标准化培训内容宜包括: a) 标准化基础知识; b) 司法鉴定基础标准、技术标准和管理标准; c) 相关的国家标准和行业标准等。 7.4 司法鉴定标准化专家委员会采取定期检查和不定期抽查相结合的方式对标准的实施情况进行监督,对于不符合标准的行为宜进行纠正和采取处理措施,实现标准化工作的持续改进。

续表

	《标准化法》	《司法鉴定标准化工作指南》
标准复审	第29条 国家建立强制性标准实施情况统计分析报告制度。 国务院标准化行政主管部门和国务院有关行政主管部门、设区的市级以上地方人民政府标准化行政主管部门应当建立标准实施信息反馈和评估机制，根据反馈和评估情况对其制定的标准进行复审。标准的复审周期一般不超过五年。经过复审，对不适应经济社会发展需要和技术进步的应当及时修订或者废止。	4.2 科学合理 科学研制和实施司法鉴定标准，符合司法鉴定行业的职能定位和发展要求。 8 标准的复审 8.1 司法鉴定标准和技术规范宜定期进行复审，复审周期一般为5年。 8.2 复审由司法部标准化归口管理部门启动，秘书处组织实施，必要时委托第三方进行。 8.3 复审内容包括：现有标准是否继续适用以及是否需要进一步完善和改进。 8.4 复审结果分为：继续有效、修订和废止。复审结果作为修订和废止标准的依据。

总体而言，《司法鉴定标准化工作指南》主要侧重于司法鉴定标准制定及实施的基础流程完善，规定相对简略，通过与《标准化法》的比对，能够清晰地发现我国的法庭科学/司法鉴定标准目前在标准化建设中的不足。

2.1 行业缺乏标准化指南性文件

《司法鉴定标准化工作指南》为司法部发布的行业司法鉴定标准化建设的指导性文件，适用范围过窄。该指南针对的是司法鉴定行业标准，对于公共安全行业及地方标准、团体标准不适用[1]。

---

[1] 樊金英、杜志淳：《我国司法鉴定标准分类初论》，载《标准科学》2021年第1期。

2.2 相关制度缺失，令出多门

首先，缺乏对标准实施后监督管理的相关规定。法庭科学标准的执行率较低，标准的实施情况被长期忽视，都与缺乏相关制度有关。其次，标龄长的问题。澳大利亚标准协会认为标准是反映科学、技术和系统进步的"活"文件[1]，标准应定期审查，至少五年审查一次，并随时发布修订版本，而我国一些法庭科学/司法鉴定标准标龄过长，已不能适应当前的鉴定需要。这些现象反映出我国法庭科学标准的实施情况统计分析报告制度和信息反馈、评估、复审制度的缺失。《司法鉴定标准化工作指南》也未对标准标龄予以明确规定。再其次，司法鉴定标准涉及多学科、多系统部门，在我国司法鉴定标准建设历程中，由于无禁止性规定，各部门都可以对自己"所属领域、专业"发布标准，甚至是鉴定技术标准，司法鉴定标准政出多门、各自运行，现行标准交叉重复、相互矛盾时有出现[2]。《司法鉴定标准化工作指南》是司法部主导的标准化指引性文件，未对标准令出多门问题予以明确规定，也无权力予以明确规定。

2.3 缺乏标准争议解决机制

对于跨学科、跨部门的标准建设问题，《标准化法》创设性地提出了标准争议解决机制，但遗憾的是，《司法鉴定标准化工作指南》未引入该制度。《司法鉴定标准化工作指南》中科学合理

---

[1] James Robertson, Karl Kent, Linzi Wilson-Wilde, "The Development of a Core Forensic Standards Framework for Australia", *Forensic Science Policy & Management an International Journal*, Vol. 4, 3-4 (2013), pp. 59-67.

[2] 何晓丹、吴何坚：《再论司法鉴定标准体系的建设》，载《中国司法鉴定》2020年第1期。

原则要求科学研制司法鉴定标准,其中司法鉴定标准的起草和审查成员的组成成分尤为重要,但是《司法鉴定标准化工作指南》仅以 6.5 "具有广泛代表性"的标准起草组和 6.7 "审查会的专家宜充分体现广泛性和代表性"的表述一笔带过,而 1990 年《行业标准管理办法》则对其作出了更为具体的规定。(第 10 条:"制定行业标准应当发挥行业协会、科学研究机构和学术团体的作用。制定标准的部门应当吸收其参加标准起草和审查工作。"第 13 条第 3 款:"由专业标准化技术归口单位组织审查时,参加审查的人员,应有生产、使用、经销、科研和高等院校等单位的有关专家。其中,使用方面的人员不应少于四分之一。")可以说,《司法鉴定标准化工作指南》对于司法鉴定标准起草及审查组织人员的规定,弱化了相关法律、规章对于标准制定、审查的科学合理性要求,亦不符合标准协商、共识的本质特征。

2.4 未详细规定法律责任

从上述的对照表亦可以看出,《标准化法》对标准化制度和标准体系进行了新的调整,但是与标准化相关的法律法规及规章的制修订工作却未能及时跟进,导致标准化法律体系出现不协调和配套立法缺失等问题[1]。《司法鉴定程序通则》第 9 条并未明确规定司法鉴定机构及司法鉴定人违反司法鉴定标准的情形及其法律后果。《司法鉴定机构登记管理办法(修订征求意见稿)》及《司法鉴定人登记管理办法(修订征求意见稿)》中均有遵守司法鉴定技术标准、操作规范的规定,但是在其法律责任一章中也均未明确规定违反技术标准和操作规范的法律后果。

---

[1] 柳经纬、刘云、周宇:《新〈标准化法〉时代标准化法律体系的完善》,载《中国标准化》2021 年第 5 期。

第三节 我国法庭科学/司法鉴定体系建设的缺陷

衡量标准化组织先进的程度，需要依据标准化服务对象这一指标。随着标准化水平的提升，标准化的服务对象会逐渐从技术产品领域转向服务领域。[1]就目前我国法庭科学标准化工作而言，技术性标准仍然占据了绝大部分，而某些标准的适用性不高，在一定程度上制约了法庭科学标准化的进步和发展。不论是法庭科学标准体系还是司法鉴定行业标准体系，三层架构只是对标准作了定义上的区分，缺乏层级理论的指导，缺乏与国家标准化法的衔接。

法庭科学/司法鉴定标准体系的设计需要面向实战，我国当前的标准体系框架在这一点上也有缺陷，法庭科学工作者很难通过学习该框架了解到标准如何相互作用，从而保证鉴定质量，进而保障鉴定意见的可靠性及有效性[2]。

我国当前标准数量庞大，整个标准体系冗杂，其中大部分标准都是技术标准，某些专业更是实验方法的标准操作程序的集合，缺乏基础标准和构建质量管理体系的管理标准，缺乏对标准体系的顶层设计。总体上来说，我国法庭科学标准化工作完成了量的积累，亟待在标准层级理论的指导下，构建科学合理的体系。

众所周知，我国法庭科学领域可以分成"四大类"，包括法医类、物证类、声像资料类、环境损害类领域。法庭科学活动所

---

[1] 焦贺娟等：《我国法庭科学标准适用性评价分析》，载《刑事技术》2016年第6期。

[2] 王旭、陈军：《2018'中国的法庭科学/司法鉴定标准建设与步伐》，载《中国司法鉴定》2019年第2期。

需要的知识是海量的,不仅涉及数学、医学、生物学、物理学、化学等自然科学学科,甚至还会涉及统计学、法学等社会科学学科。目前我国法庭科学标准化的思路是依据传统的法庭科学领域来制定出台标准的,标准文件大多集中在传统的"三大类"之内(不含环境损害类)。这样的标准化思路在一定程度上保证了标准的实时性,但法庭科学标准文件的制定周期长及灵活性差的特点,又使其具有一定的滞后性,同时面向将来可能会产生的新领域显得手足无措。这就要求我们从法庭科学引领性标准的视角,打破法庭科学各个学科之间的壁垒,形成具有层级的法庭科学标准体系。

总结起来,目前,我国的法庭科学/司法鉴定标准建设,存在标准孤立分散、缺乏理论基础、缺乏统一的法庭科学标准制定管理机构,法庭科学标准灵活性欠佳三个方面的问题。[1]

第四节 《标准化法》对我国法庭科学标准建设的启示

4.1 以《标准化法》的要求开展建设

《标准化法》完善了标准制定、实施、监督管理、法律责任的标准运行全流程,形成了标准化的规范框架,为法庭科学的标准化框架建设提供了指引。其具体规定的诸如国际化原则、多主体参与原则、标准化协调机制、标准的管理监督机制、标准制定主体的法律责任制度,能够为法庭科学的标准化制度建设提供方向。《标准化法》提供了一种标准质量提升的新理念。针对目前

---

[1] 胡杨振宇:《澳大利亚法庭科学标准化体系解析与借鉴》,中国政法大学2020年硕士学位论文。

法庭科学标准存在的问题，按照《标准化法》的框架可以看出，通过确立标准的制定体系、实施体系、监督体系、法律责任四个环节来实现法庭科学/司法鉴定标准化，能够形成一个不断循环上升的司法鉴定标准质量提升过程。具体内容如下。

第一，《标准化法》完善了标准制定、实施、监督管理、法律责任的标准运行全流程。

第二，《标准化法》具体规定了诸如国际化原则、多主体参与原则、标准化协调机制、标准的管理监督机制、标准制定主体的法律责任制度等原则和制度。

第三，《标准化法》提供了一种标准质量提升的新理念，可以通过确立标准的制定体系、实施体系、监督体系、法律责任四个环节来实现司法鉴定标准化。

第四，强化标准化过程中的法律思维，加强综合标准化的建设内容。

4.2 建立"政府授权，行业主导"的标准化管理模式[1]

如上所述，我国法庭科学/司法鉴定标准化管理机构分散，且管理机构大多为政府主导。但由于政府的专业人员有限，政府实际上不适合作为标准的制定者，更适合作为授权者、协调者、参与者。因此，有学者[2]建议参考澳大利亚"政府授权，民间组织管理"的模式建立政府授权，行业主导的法庭科学标准化管理模式。由政府协调成立一个行业统一的国家法庭科学/司法鉴定标准协会，吸收法庭科学各个领域的专家意见，并由此标准协

---

[1] 胡杨振宇：《澳大利亚法庭科学标准化体系解析与借鉴》，中国政法大学2020年硕士学位论文。

[2] 胡杨振宇：《澳大利亚法庭科学标准化体系解析与借鉴》，中国政法大学2020年硕士学位论文。

会负责主导国内法庭科学标准的制定研发、修改废止等工作。该协会可以下设若干个委员会，通用标准由法庭科学标准协会制定，各个专业领域的技术标准由下设的专业委员会制定。

还可以考虑司法部、公安部、最高人民法院、最高人民检察院、国家安全部等联合签署谅解备忘录，以法律文件的形式明确国家法庭科学标准协会的合法地位，授权协会是全国最高的法庭科学/司法鉴定标准机构，并且明确其具体职能，可以包括制定研发并归口管理法庭科学/司法鉴定标准化工作、代表国家参与国际的标准组织与会议、负责其他标准开发组织的授权工作等。

以上构想可以解决法庭科学/司法鉴定标准分散的问题，释放行业的专业性和灵活性。"政府授权"保证协会的权威性，并且保证政府可以宏观管控整个法庭科学行业标准；"行业主导"可以激励行业的自主性和积极性，保证法庭科学标准符合专业的要求，并不断更新和发展。这种双重管理模式将最大限度发挥政府和行业的职能，使二者共同助力法庭科学/司法鉴定标准化的建设。

4.3 建立健全标准体系或者标准综合体

法庭科学/司法鉴定标准化建设工作的根本任务与目标是建立健全标准体系或者法庭科学/司法鉴定标准综合体。

具体而言，第一，根据法庭科学现场勘查等需要以及司法鉴定提供公共法律服务产品的实际需要，规范技术工作的行为，构建科学合理、层次分明、满足法律要求的标准体系框架（如图4-4-1），编制标准明细表，确保法庭科学/司法鉴定工作有效开展。

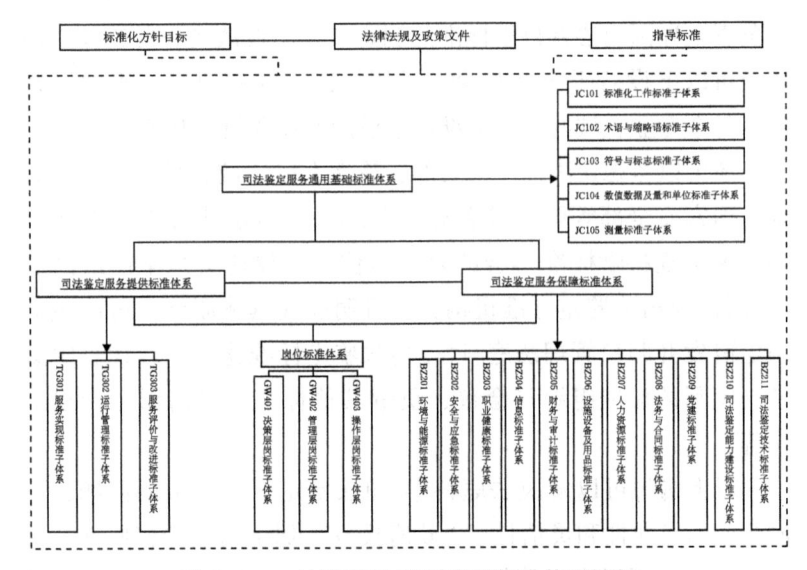

图 4-4-1　法庭科学/司法鉴定标准体系框架

第二，收集和制定相关标准。围绕鉴定工作的需求，收集/查新现行有效的国家标准、行业标准、地方标准、团体标准、行业指引等。鉴于法庭科学/司法鉴定工作的公共法律服务的属性，即其法律属性，在某项鉴定工作无相应国家标准、行业标准、地方标准的情况下，除实验操作类工作外，不建议使用机构内部的"标准"（即企业标准）。

第三，开展标准的宣传培训。开展法庭科学/司法鉴定标准与标准化基本理论和标准化专业知识培训，提高法庭科学/司法鉴定管理过程和服务过程标准化意识，熟悉并掌握法庭科学/司法鉴定标准要求。

第四，组织标准实施。对法庭科学/司法鉴定多领域、多环节的标准均采取切实可行的措施，确保标准的有效实施。

第五，开展标准实施评价。建立标准实施情况的检查、考核机制，定期组织行业内部检查和自我评价，提升管理和服务的标准化水平。

第六，持续改进，创建品牌。针对标准实施过程中发现的问题，建立持续改进的工作机制，创建法庭科学/司法鉴定公共法律服务标准化品牌。

| 第五章 |

法庭科学标准与证据法学的衔接

第一节 证据法学概述

证据法学是一门以证据问题为研究对象的法学学科[1]，主要研究证据规则和事实认定规律。

证据制度是整个司法制度（监察、侦查、检察和审判制度）的共同基础。证据法学研究各种证据规则及其背后起支撑作用的法律原则和价值理念。

证据法学以与证据有关的法律及运用证据的实践经验为研究对象，它从诉讼法学中分化出来，主要研究证据制度与学说，研究有关证据的基本理论、立法规定和司法实践中运用证据的经验及其规律性，为立法和司法实践提供科学的理论依据。证据法关注证据的属性、证据的取得（即通过调查证据方法取得证据资料）、证据运用（即运用证据资料证明待证事实）及诉讼中有关证据的法律规范、立法及司法实践、规律方法、理论等。

证据是法治的基石，著名的证据法学专家张保生教授高度概括

---

[1] 陈瑞华：《从"证据学"走向"证据法学"——兼论刑事证据法的体系和功能》，载《法商研究》2006年第3期。

了证据法的理论体系:"一条逻辑主线"(相关性)、"两个证明端口"(证明责任和证明标准)、"三个法定阶段"(举证、质证、认证)、"四个价值支柱"(准确、公正、和谐、效率)。参见图 5-1-1。[1]

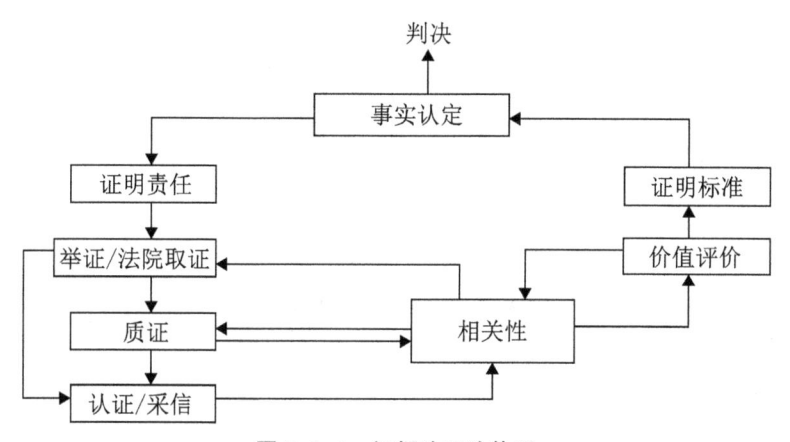

图 5-1-1　证据法理论体系

证据法学与法庭科学是紧密相关的两个新兴学科,它们共同组成了证据科学,旨在揭示诉讼中的事实认定、证据和证明的一般关系及证据推理的共同规律。证据是人类获取知识的必要条件,证据推理在人类知识探索中被广泛运用,证据分析是所有决策活动的重要环节,证据裁判是社会争端的理性解决方式。

证据科学包括了证据法学与法庭科学,是研究证据采集、鉴定技术以及案件事实认定之一般规律的科学理论和方法体系。科技的迅速发展带动了证据科学研究的兴起。

中国学者更重视证据科学的实践探索和学科建设[2]。证据科

---

[1] 张保生等:《证据科学新兴交叉学科研究报告》,载《证据科学》2022 年第 2 期。

[2] 张保生:《广义证据科学导论》,载《证据科学》2019 年第 2 期。

学的理论体系及法庭科学的分支学科，详见图 5-1-2、5-1-3[1]。

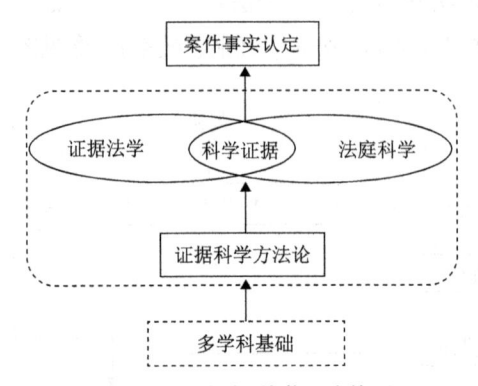

图 5-1-2　证据科学理论体系

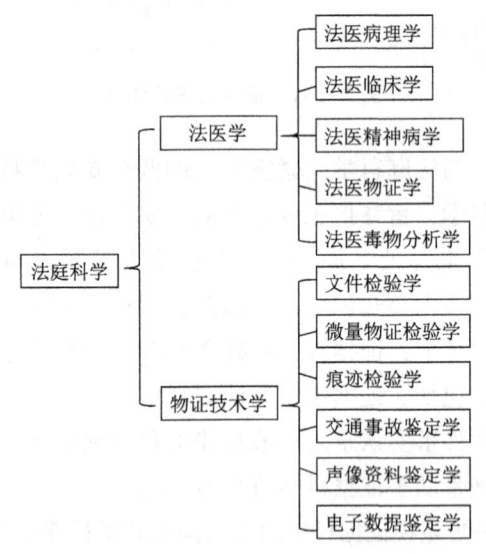

（图示：案件事实认定 ← 证据法学、科学证据、法庭科学 ← 证据科学方法论 ← 多学科基础）

图 5-1-3　法庭科学学科门类

法庭科学
- 法医学
  - 法医病理学
  - 法医临床学
  - 法医精神病学
  - 法医物证学
  - 法医毒物分析学
- 物证技术学
  - 文件检验学
  - 微量物证检验学
  - 痕迹检验学
  - 交通事故鉴定学
  - 声像资料鉴定学
  - 电子数据鉴定学

---

[1] 张保生等：《证据科学新兴交叉学科研究报告》，载《证据科学》2022 年第 2 期。

1.1 证据法学的主要概念

1.1.1 证据

证据是指与案件事实相关的,用于证明所主张事实之间存在可能性的信息。法律上的证据需要具有可采性、证明力、可信性。

1.1.2 可采性

可采性又称证据能力,是指证据在法律上可被采纳用以证明待证事实的资格。又指证据材料进入诉讼,作为定案根据的资格和条件,特别是法律所规定的程序条件和合法形式。

证据能力须以具有自然意义和法律意义上的相关性为前提。

1.1.3 相关性

相关性又称"关联性",是指证据对案件事实的认定具有证明力,有助于事实认定或者判断或评价案件事实存在可能性的属性。

证据以相关性为第一属性。为此,实践和研究中常常考察证据的内容和证据的形式。证据的内容是指证据本身内在具有的证明能力,它具有客观实在性和关联性;证据的形式是指证据在法律上所具有的外在表现方式和正当的获取手段等。

1.1.4 可信性

可信性指证据值得相信的特性,狭义上指证人证言可信性;广义上包括可靠性。而可靠性,通常被用来描述实物证据可被相信的程度,包括:①真实性。一般指有形证据可信性的一种属性,指一个有形物是否就是其所展示的东西。②准确性/灵敏度等,如测量仪器可提供可靠的读数。一个可靠的过程,是可重复、可信赖或具有同一性的。法庭科学标准需要关注可靠性指标。

1.1.5 实物证据

证据一般分为实物证据和言词证据。实物证据又称有形证据，是以物品、痕迹、文件、图像、电子数据、勘察和图示等实物作为表现形式的证据。

1.1.6 言词证据

言词证据是口头证据的总称。根据陈述主体不同，可分为当事人陈述和证人证言。

1.1.7 证据保全

证据保全即证据的固定和保管，是指为了防止特定证据的自然泯灭、人为毁灭或者以后难以取得，因而在收集时、诉讼前或诉讼中用一定的形式将证据固定下来，加以妥善保管，以便司法人员或律师在分析、认定案件事实时使用的一种措施[1]。

1.1.8 举证

诉讼总是意味着利益相反的双方当事人之间的对抗。为了能让裁判者作出对自己有利的裁决，每一方都应尽量提出有利于本方的证据来支持其主张，这种提出证据的活动被称为举证[2]。

1.1.9 质证

质证是指在审判人员的主持下，刑事诉讼中的公诉人、被告人及其辩护人、被害人及其代理人，民事、行政诉讼中的当事人及其代理人在法庭审理活动中，一方针对另一方提交法庭的证据材料，就其证据能力和证明力进行质疑和辩驳的诉讼活动[3]。

---

[1] 转引自樊崇义主编：《证据学》（第三版），中国人民公安大学出版社 2015 年版，第 231 页。

[2] 转引自张保生主编：《证据法学》（第三版），中国政法大学出版社 2018 年版，第 366 页。

[3] 转引自廖永安主编：《诉讼证据法学》，高等教育出版社 2017 年版，第 179 页。

1.1.10 对质

对质也叫"质证法",是指执法人员按照法定程序组织和指挥了解事实的两个或两个以上的人,就特定的案件事实或者证据事实互相询问、反驳和辨认的方法。[1]

1.1.11 证明标准

证明标准又称证明要求、证明任务,是指承担举证责任的人提供证据对案件事实加以证明所要达到的程度。[2]

1.1.12 技术性证据

技术性证据是指鉴定意见等针对专门性问题的证据材料,包括鉴定意见书、检验报告、勘验笔录等证据材料。

1.1.13 技术性证据审查

技术性证据审查是对技术性证据的合法性、规范性、客观性、科学性等进行审查的活动,目的是为检察官、法官进行审查起诉、法庭审判提供可靠的内心确认。

1.2 证据法学的主要研究内容

诉讼活动本身是一种以发现事实真相为目标的认识活动,因此,证据法学带有浓厚的认识论的理论基础[3]。其研究的内容包括:

第一,证据制度。指法律规定的关于在诉讼中如何收集证据,如何审查、判断证据,如何运用证据认定案情的规则体系。

证据制度"所要解决的核心问题",是如何保证司法人员能

---

[1] 转引自樊崇义主编:《证据学》(第三版),中国人民公安大学出版社2015年版,第304页。

[2] 转引自樊崇义主编:《证据学》(第三版),中国人民公安大学出版社2015年版,第276页。

[3] 陈瑞华:《从"证据学"走向"证据法学"——兼论刑事证据法的体系和功能》,载《法商研究》2006年第3期。

够正确认识案件事实,即如何保证其主观认识符合客观事实。

第二,证据学。未来以证据作为研究对象的学科,将逐步走向多元。研究证据问题的学者应当从哲学、心理学、逻辑学、概率统计学、法医学、司法精神病学、物证学、侦查学等多门社会科学和自然科学中寻找灵感和资源,将证据学逐渐培育成一种由多个学科组成的"学科群"。[1]

有关证据问题的研究主要涉及两个方向:一是从"如何发现事实真相"的角度出发,研究如何有效地收集、审查和判断证据,如何全面地发现案件的事实真相;二是站在"如何限制和规范发现事实真相的活动"的立场上,将证据规则问题纳入诉讼程序的轨道,使之成为法庭审判程序的有机组成部分。[2]

第三,证据法学。主要由两种证据规则组成:一是有关证据能力,也就是证据法律资格的规则;二是有关司法证明的规则。前者的核心是一种证据究竟在具备怎样的资格和条件后才能转化为法庭上允许出现的证据的问题;后者则包括司法证明的范围、责任分配和证明标准等一系列具体的证明要素。

第四,证据法的证明规则。包括事实认定,即事实认定者对特定事物及其关系真实存在之可能性的判定。一般分为举证、质证和认证三个阶段。

第五,证据制度及其传统文化背景。证据法学理论是与证据有关的司法和执法实践经验的概括和总结,是人类司法证明的智慧结晶。文化传统背景对证据制度的形成和发展起到了至关重要的作用,因此它也是证据法学的研究对象。

---

[1] 陈瑞华:《从"证据学"走向"证据法学"——兼论刑事证据法的体系和功能》,载《法商研究》2006年第3期。

[2] 陈瑞华:《从"证据学"走向"证据法学"——兼论刑事证据法的体系和功能》,载《法商研究》2006年第3期。

第六，证据制度和经济制度、诉讼制度的关系。证据制度需要建立在相应的经济基础上，经济的发达程度决定证据的获得能力、侦查水平和社会进步程度。诉讼制度和证据制度都是一定历史范畴内的事物，它们随着历史的演变而进化，呈现出不同的阶段性。证据制度又是诉讼制度的组成部分，是与诉讼制度相适应的。

第七，收集、审查、判断和运用证据，来证明案件事实的经验及证据理论。证据法学的体系，主要包括证据论和证明论两大部分。具体包括辨认/鉴真（authentication）确定物体、文件等实物证据的真实性、同一性、可靠性的证明活动。也包括司法鉴定，即鉴定人运用科学技术或者专门知识对诉讼涉及的专门性问题进行鉴别和判断并提供鉴定意见的活动。鉴定意见是鉴定人提供的个人"结论性书面意见"。还包括证据解释，即对证据含义的理解和说明。广义上是指对司法证明活动，运用概率论和似真性理论予以解释。

第二节　科学证据可采性标准

法律界始终关注科学证据的采纳标准，这是证据法学的研究内容，也是证据法与法庭科学的衔接点。

当今时代，如果没有科学证据作为基础，法庭审判将难以进行。有研究显示，在美国，大多数刑事和民事诉讼中，当事人都使用了鉴定意见。针对这样的技术性证据，学者们普遍认为，其证据能力的判断，不宜囿于现有诉讼法有关证据审查的规则，而需要引入科学证据的可靠性标准予以检验。[1]

---

[1] 王旭、张洺睿：《法庭科学/司法鉴定意见的可靠性问题研究》，载《中国司法鉴定》2023年第3期。

对于科学证据的审查，学理上有遵从模式和教育模式两种。前者要求法官尊重科学证据，一般只对科学证据进行形式审查；后者则在为法官提供一定科学知识的基础上，要求法官对科学证据进行实质审查。我国的科学证据审查总体上属于遵从模式。随着科学证据范围的扩张，我国的刑事法官仅对司法鉴定意见进行形式审查，无法充分保障科学证据的科学性和可靠性，因此开始对科学证据进行一定程度的实质审查。但是，法官是非科学专家的普通人，无法达到科学界同行审查的水平，故其审查并非从科学视角对科学证据原理的检验，而是从诉讼证明视角审查科学证据的原理是否可靠、该原理是否被正确适用。同时法官对科学证据的独立判断权也应得到保障[1]。

科学证据可靠性标准源于美国的判例，最终形成了美国针对法庭科学证据的可采性标准。主要有三个大的事件。

第一个事件是弗莱伊（Frye）案，在1923年的"弗莱伊诉美国政府"案中，美国确立了普遍接受（为依据）的弗莱伊标准。该案中，法院作出了不将测谎记录列入谋杀案证据的判决，理由是该项技术尚未被相关科学界人士普遍接受。自此，多数的州立法庭在碰到是否接受新的科学性证据时，都会援引该判例。该判决中的关键性文字是如下表述的：很难确定一个科学理论或科学发现什么时候会跨越实验阶段和示范阶段的界限。在这个过渡区域里，科学理论的举证能力必须得到承认。法庭接受一个公认的科学理论或科学发现演绎出的专家证言，但从中做演绎推断的东西必须有足够的根基，并在其所属的领域得到普遍接受。这就是美国科技证据史上具有里程碑意义的"普遍接受"之弗莱伊标准。根据弗莱伊标准来决定"普遍接受"一般需要经过以下两

---

[1] 纵博：《论科学证据的实质审查》，载《法商研究》2024年第1期。

个步骤：一是确定专家证言所涉及的科学领域；二是判断该专家证言所依据的标准、方法是否在该领域内为专业人士尤其是业内权威人士所广泛认可[1]。

也就是说，只有当基于科学原理的科学证据、专家证言得到了普遍的接受与认可，其才是可信的。此时，科学实验才能跨越它与证据间的鸿沟，过渡到法律适用层面，拥有证据能力与证明的效力。

第二个事件是 1975 年的美国联邦证据标准。随着科学的进步，在美国法律体系中确定的科学证据可采性标准（即法庭科学的可信性问题）也在演变。1975 年，指导民事诉讼和刑事诉讼的《美国联邦证据规则》成为法律，并在之后对证据可采性标准进行了大量的辩论和多次修改。《美国联邦证据规则》第 702 条规定，在评判科学证据的可靠性时，"根据知识、技能、经验、培训或教育合格的证人可以以意见或其他形式作证，如（a）专家的科学、技术或其他专业知识将有助于事实调查人员理解证据或确定有争议的事实；（b）证词基于充分的事实或数据；（c）证言是可靠的原理和方法的产物；和（d）专家将原理和方法可靠地应用于案件事实。"

第三个事件是科学证据可采性标准的道伯特（Daubert）规则。1993 年美国联邦最高法院在道伯特案中认为：《美国联邦证据规则》应当成为专家证据可采性的标准。该案中，法院认为专家证词的可采性取决于其科学可靠性，并确定了法官在评估基本方法的有效性时通常应考虑的要素：其一，一项理论或技术是否能被（且已被）检验；其二，该理论或技术是否已受到同行评议

---

[1] 王彬：《论科技证据的科学性判断标准及构建》，载《河南司法警官职业学院学报》2008 年第 4 期。

并发表；其三，就一项特定技术而言，已知或潜在的错误率是多少，以及是否有对该技术操作进行控制的标准；其四，该理论或技术在相关科学界内是否有"普遍接受性"。

综上，美国法律界针对科学证据的采纳标准，可以归纳如下：

①专家的科学、技术或其他专业知识将有助于事实调查人员理解证据或确定有争议的事实；

②证词基于充分的事实或数据；

③证言是可靠的原理和方法的产物；

④专家将原理和方法可靠地应用于案件事实。

而在判断专家证词的科学可靠性时，则关注：

①一项理论或技术是否能被（且已被）检验；

②该理论或技术是否已受到同行评议并发表；

③就一项特定技术而言，已知或潜在的错误率是多少，以及是否有对该技术操作进行控制的标准；

④该理论或技术在相关科学界内是否有"普遍接受性"。

第六章
美国 PCAST 法庭科学报告《刑事司法中的法庭科学：确保形态特征比对方法的科学有效性》及启示

如前所述，法律界已有明确的科学证据可采性标准（《美国联邦证据规则》第 702 条），以及判断专家证词的科学可靠性的道伯特规则，明确了科学证据可靠性的关键是鉴定意见所依据的原理和方法。而这里所谓的方法就是我们今天讨论的法庭科学标准。那么科学界是如何思考这个问题的呢？

第一节　PCAST 法庭科学报告概述

关于法庭科学证据的可靠性和有效性问题，美国国家研究委员会（National Research Council，NRC）[1]曾在其 2009 年发布的调查报告《美国法庭科学加强之路》（Strengthening Forensic Science in the United States：A Path Forward）[2]中有所表述，该报告同时引发了美国政府对于法庭科学未来发展道路的广泛讨论。

---

〔1〕　国家研究委员会是美国国家科学、工程和医学院的研究机构。
〔2〕　National Research Council, Strengthening Forensic Science in the United States：A Path Forward, Washington, DC, 2009.

2015年，美国时任总统奥巴马要求总统科学技术顾问委员会（President's Council of Advisors on Science and Technology，PCAST）考虑是否可以通过科学措施来加强法庭科学证据的有效性，以确保在国家法律体系中适用的科学证据的有效性，于是，PCAST在2016年9月发布了《刑事司法中的法庭科学：确保形态特征比对方法的科学有效性》（Forensic Science in Criminal Courts: Ensuring Scientific Validity of Feature-Comparison Methods）报告（简称"PCAST法庭科学报告"）。在研究制作该报告过程中，PCAST汇编并审查了2000多篇不同来源的论文，成立了一个六人工作组，并咨询了一个高级顾问小组。此外，美国联邦调查局（FBI）实验室和美国国家标准与技术研究院的相关专家以及法庭科学共同体的从业人员、法官、律师等都对该报告的形成作出了一定贡献。该报告的内容由PCAST负责。

该报告回顾总结了有关形态特征比对方法的科学研究和实践工作，强调了形态特征比对方法的科学有效性在司法过程中的重要意义，重点论述了该方法科学有效性的评价标准及其在七种具体方法中的应用，并为联邦政府促进该方法在法庭上的严格使用提出了建议。该报告发布后引发了广泛的讨论，认为对报告中一致认可的内容要加大经费投入和进行多方面的继续研究。但在其他方面也有争论，主要体现在该报告工作组人员结构及其所审查的文献资料和科学研究不能确保报告内容的客观公正，并且将"黑箱研究"作为唯一的评价标准也失之偏颇，以及对鉴定人的主观经验和能力验证存在认知偏见等。报告内容和广泛的讨论都进一步推动了法庭科学形态特征比对方法的发展，有利于建立科学的客观量化方法和规范的主观经验方法，实现主客观方法的高度融合，提高特征比对方法的科学性，推动形态特征比对方法从经验走向科学，促进法庭在事实裁定和证据采信方面的进步，避

第六章 美国 PCAST 法庭科学报告《刑事司法中的法庭科学：确保形态特征比对方法的科学有效性》及启示

免司法错案的出现。[1]

PCAST 法庭科学报告旨在寻找科学方面的措施，确保在国家法律体系中使用的法庭科学证据的有效性，目的是解决法律标准和科学标准衔接的问题。

该报告指出，（科学界）需要重点解决两方面的问题：一是需要明确法庭科学方法有效性和可靠性的科学标准。二是评估具体的法庭科学方法，以确保这些方法经过科学验证是有效和可靠的。科学证据的可靠性是证据可采性规则最难解决的部分，因为它直指科学证据的准确性。需要指出的是，尽管科学证据是基于科学原理、方法而形成的科学意见，但科学证据的意见性特征，使得它具有无法割舍的主观色彩。

该报告对美国联邦政府可采取的具体行动提出了建议，包括美国科学机构、联邦调查局实验室、司法部和联邦司法机构等，以保证法庭科学形态特征比对方法的可靠性和有效性，促使其在法庭上被更严谨地应用。

PCAST 法庭科学报告认为，当前需要重点解决的问题主要有两方面：一是需要明确法庭科学具体分领域下可靠性和有效性的不同科学内涵；二是要对具体的法庭科学技术方法进行评估，以确保其可靠性和有效性得到科学认定。

PCAST 法庭科学报告着眼于具体法庭科学方法——"形态特征比对"类的方法。实际上这类方法应用广泛，部分方法属于以经验性为主导的判断。PCAST 法庭科学报告对上述问题进行了研究，共分九章予以阐述，主要讨论了法庭科学的法律背景以及科学有效性在法律体系中的作用，并且明确了法律标准和科学标准

---

[1] 李康、罗亚平：《〈刑事司法中的法庭科学：确保形态特征比对方法的科学有效性〉的反响与启示》，载《证据科学》2022 年第 4 期。

之间的重大区别。同时介绍了适用于形态特征比对方法的可靠性和有效性的科学标准，提供了法庭可直接适用的明确准则。此外，该报告中还使用前述标准评估了六种重要的形态特征比对方法的科学有效性，并以此介绍了前述标准的具体应用。

这六种方法包括：单一来源和简单混合检材的DNA、复杂混合物检材的DNA、咬痕、浅指印、枪支分析以及鞋印分析。

该报告提出了一系列建议，希望通过采纳这些建议来加强法庭科学的可靠性和有效性，并促进法庭更加严格地适用法庭科学证据。

在对法庭科学证据的科学有效性的回溯研究中，该报告指出，随着DNA分析技术的出现与成熟，人们开始对传统法庭科学技术的科学有效性提出质疑，并举例说明如弹头铅分析、浅指印分析、头发分析等已经广泛使用的法庭科学方法，仍未经过科学有效性和可靠性验证，而专家证人又往往夸大该类证据的证明价值，使其远超出相关科学所能证明的范围。除上述问题外，认知偏差也会影响法庭科学证据的可靠性，包括"背景偏见""确认偏见"和"认知失调"。该报告还指出，法庭科学从本质上说不存在一种"研究文化"，缺乏坚实的科学基础以及基本的原则。并且在具体司法实践中，由于法庭科学缺乏强大的"质量文化"，证据处理可能会重复失败，对法庭科学的分析结果也可能产生错误解释。

该报告研究了科学有效性在司法实践中的作用，重点阐述法庭科学形态特征比对方法的科学有效性的科学标准，以供整个法律体系和那些致力于促进法庭科学具体领域之基础科学进步的人员与机构使用。在深入研究该科学标准前，该报告第三章作了一个非常简短的综述，为科学家和非专业人士介绍了相关法律背景和专业术语以及法律和科学在这一领域交叉内容的本质。

第六章　美国PCAST法庭科学报告《刑事司法中的法庭科学：确保形态特征比对方法的科学有效性》及启示

第二节　概念梳理

法庭科学/司法鉴定意见的可靠性一直以来都是学界关注的重点。作为技术活动的产品，鉴定意见常常因其具有科学性而可靠。

2.1 有效性

有效性，又称效度，是指一个概念、结论或测量有充分依据并且准确反映真实世界的程度。有效性概念与准确性直接相关，例如，一个有效的测量过程可以准确地测量它要测量的东西。

鉴定意见的有效性可作进一步的划分。PCAST法庭科学报告中区分了两种类型的有效性，即鉴定方法的"基本有效性"和特定案例中的"适用有效性"。

基本有效性意味着利用该鉴定方法，原则上可以准确判断可疑检材与已知样本是否同源。这种鉴别能力是基于实证研究建立起来的，需要评估该鉴定方法的重复性、再现性和准确性，并证明其适合于预期的应用。

适用有效性则指在具体案件中是否正确适用了鉴定方法，尽管这一有效性的定义就显示出它并不属于心理计量学和统计学的常见范围，但专家意见需要被证明是通过对经过验证的鉴定方法的正确适用得出的。[1]

2.2 可靠性

可靠性，又称信度，是指测量方法的整体一致性，即当正确

---

[1] 王旭、张洺睿：《法庭科学/司法鉴定意见的可靠性问题研究》，载《中国司法鉴定》2023年第3期。

适用某一鉴定方法时，会产生基本一致的结果。法庭科学领域常见的可靠性包括重复性和再现性。

重复性指的是特定实验人员在相同条件下进行测量、得出结论的可靠性。即当提供相同的材料时，同一实验人员能够使用相同的仪器或方法得出相同的结果。重复性在不同的法庭科学分领域中表现各异，并且与特定的鉴定案件有关。

法庭科学中常提到的另一种可靠性类型是再现性。再现性是指不同的实验人员在对同一检材进行分析时，能够获得相同的测量结果或得出相同的结论。本质上，重复性是实验人员本身的可靠性，而再现性则是实验人员之间的可靠性。

通常来说再现性低于重复性，不同实验人员之间的差异以及同一实验人员的多次检验的差异，分别决定了这两种类型的可靠性。[1]

第三节 PCAST 法庭科学形态特征比对方法可靠性的评判标准

3.1 法庭科学特征比对方法需要可靠性的评判标准

PCAST 法庭科学报告选择特征比对这一具体技术，是因为特征比较是最常见的科学活动，而对于这些技术是否可靠，需要有明确的科学评判标准，供科学界、法律界以及法庭与法官使用。同时还需要注意到，在过去的十年中，错误的特征比对已经导致了多起误判，而造成这一现象的原因是大量特征比对方法的可靠性未得到过有效性评估。

---

[1] 王旭、张洺睿：《法庭科学/司法鉴定意见的可靠性问题研究》，载《中国司法鉴定》2023 年第 3 期。

第六章 美国 PCAST 法庭科学报告《刑事司法中的法庭科学：确保形态特征比对方法的科学有效性》及启示

法庭科学/司法鉴定意见的本质是专家意见，是特殊的言词证据[1]。与其他类型的专家证言相比，基于特征比对产生的证词更容易误导陪审员，一是因为绝大多数陪审员不是专业人员，缺乏根据科学证据的检测、比对来理解证据证明价值的能力；二是因为陪审员偏向于高估特征比对样本之间"匹配"的证明价值，所以潜在的偏差较大。事实上，美国司法部本身就历史性地高估了"匹配"的证明价值，其长期认为"浅指印分析"是绝对正确的（这一观点现已被认为是不当的）。

3.2 关于法庭科学特征比对方法的有效性和可靠性之评判标准

有效性和可靠性要求某种实验方法进行实证检验，以有效估计该方法的错误率。对于主观特征比对方法，需要设计适当的盲测，该测试需要由不同检验人员对许多独立测试作出判断，并且确定该方法的错误率。

基本有效性的科学评判标准，需要两个关键要素。

第一，首先要有可再现且一致的程序用于识别证据样本的特征；其次对比两个样本的特征；最后基于两个样本特征的相似性，确认是否将检测样本声明为匹配。

第二，通过来自多项独立研究的实证测量以研究该方法的误报率——即将实际来源不同的样本声明为匹配的概率；灵敏度——即将实际来源相同的样本声明为匹配的概率。

适用有效性的科学评判标准也包括两个要素。

第一，鉴定人必须通过"能力验证"以证明其能够可靠地应用该实验方法，并且实际上也已经进行了可靠的操作。这一点对

---

[1] 李学军：《诉讼中专门性问题的解决之道——兼论我国鉴定制度和法定证据形式的完善》，载《政法论坛》2020年第6期。

于主观方法尤为重要。

第二,关于实验现象是偶然出现的概率的主张,应该是科学有效的。其一,鉴定人应该报告在基本有效性研究中建立的方法的总体误报率和灵敏度,并应证明基本有效性研究中使用的样本与案件事实相关。其二,在适用该方法时,鉴定人应根据案件中观察到的具体特征报告随机匹配概率。其三,专家不应对某一证据提出超出实证证据和有效统计原则应用范围的主张或暗示。

鉴定意见的可靠性[1]包括重复性、再现性和准确性,其内涵如下:重复性是指,在已知概率下,一个鉴定人在分析来自同一来源的样本时,总能获得相同的结果;再现性是指,在已知概率下,不同鉴定人在分析同一样本时,总能获得相同的结果;准确性是指,在已知概率下,鉴定人在分析同一来源的样本和不同来源的样本时都能获得正确的结果。

PCAST法庭科学报告对于六种方法中涉及DNA分析的两种方法采用了客观方法,其他四种则采用主观方法。同时该报告还指出,尽管理论上主观特征比对方法需要设计盲测试验,但是实践中为评估主观方法的科学有效性而设计的盲测试验却非常少。

第四节　我国法庭科学/司法鉴定方法(标准)有效性规定

4.1 对标准方法的要求

我国《司法鉴定程序通则》第23条规定,鉴定时应当依下

---

[1] 应注意到,"可靠性"在统计学中有一个狭义的含义,即"一致性":无论结果是否准确,某种方法总是可以产生相同结果。这种统计学意义上的"可靠性"与法庭科学中的"可靠性"含义不同。

第六章　美国 PCAST 法庭科学报告《刑事司法中的法庭科学：确保形态特征比对方法的科学有效性》及启示

列顺序来应用标准：①国家标准；②行业标准和技术规范；③该专业领域多数专家认可的技术方法。

《司法鉴定/法庭科学鉴定过程的质量控制指南》（CNAS-GL024：2018）也规定：鉴定时，专业领域存在标准不一致时，原则上以下列的位阶选择鉴定方法：①国家标准（GB）；②公共安全行业标准（GA）；③法律法规规定的标准性文件；④权威技术组织发布的方法；⑤仪器生产厂家提供的指导方法；⑥鉴定机构自行制定的方法。

司法鉴定的方法包括使用科学仪器进行检测的方法，也包括不使用仪器的观察、分析方法，还包括分析、论证等逻辑思维方法。鉴定方法的有效性，一般指仪器设备或检测技术的有效性，即仪器设备或检测技术必须能够达到检测的目的，有明确的准确性指标（敏感性、特异性等）。例如，在法医临床鉴定方面，听力检测时听力计需满足《电声学　测听设备　第1部分：纯音听力计》（GB/T 7341.1-2010）的技术指标要求；听力检测与听觉功能障碍的判断还需要满足《听力障碍的法医学评定》（GA/T 914-2010）的要求。

对鉴定对象进行检测、观察的方法，必须是科学的，否则将难以保证鉴定意见的科学性。根据《司法鉴定/法庭科学鉴定过程的质量控制指南》，在首次引进标准方法和权威技术组织发布的方法时，要进行方法验证。若发现被引用的方法不够详尽，还需要编写作业指导书。

关于鉴定方法的有效性，PCAST 法庭科学报告进行了详细的讨论，阐明了鉴定方法基本有效性和适用有效性的科学标准。例如，对于基本有效性来说，其科学标准就包括了两个主要要素：需要有可再现且一致的鉴定程序；需要实证研究该鉴定方法的误报率和灵敏度。除了有效性标准，PCAST 法庭科学报告工作组还讨论了评估鉴定方法有效性的科学验证实验必须满足的标准，包括：验证实验要涉及足够多的鉴定人；应该进行实证检验；提前设计和分析实验方案而不能事后修改；实证研究应该由与实验结果无关的组织或个人监督；研究结果可供同辈审查；由不同小组进行多次实验以保证可重复性和鲁棒性。这一严密的标准框架为鉴定方法的有效性作出了保障。

4.2 标准方法的选择、验证和确认

法庭科学/司法鉴定实务中，标准方法的重要性不言而喻，关于标准方法的选择、验证和确认管理，我们在认证认可的视角下，尝试针对鉴定活动中标准方法的选择、验证和确认，作出如下规定（改写自法大法庭科学技术鉴定研究所体系文件）。

附录：标准方法的选择、验证和确认程序

1. 目的与范围

对现行有效的标准方法予以选择、验证并控制，以保证鉴定意见的有效性。

适用范围：鉴定/检验活动所使用的标准方法的选择、验证，及上述方法使用的管理。

2. 规范性引用文件

《检测和校准实验室能力的通用要求》（GB/T 27025-2019）

《检验检测机构管理和技术能力评价方法的验证和确认要求》（RB/T 063-2021）

《司法鉴定/法庭科学机构能力认可准则》（CNAS-CL08：2018）

3. 标准方法的收集、选择、验证

3.1 专业技术负责人负责组织收集与本专业业务相关的标准、规范和规程，定期（可以每半年）应进行一次标准方法跟踪、查

第六章　美国 PCAST 法庭科学报告《刑事司法中的法庭科学：确保形态特征比对方法的科学有效性》及启示

新，维护方法版本的最新、有效，查新由质量控制办公室统一发通知。鉴定机构在方法引入鉴定活动使用前，为能够正确运用该方法，应提供客观证据以确保实现所需的鉴定标准或方法性能要求的活动。

3.2 在满足国家法律、法规、规章要求的前提下，选用的鉴定/检验方法（适当时包括数据分析统计技术）必须满足委托方的要求并适合于所进行的鉴定/检验。尽量采用司法鉴定/法庭科学领域已经发布的标准方法或国家相关行业主管部门推荐（授权）使用的方法及技术规范。

3.3 当同一鉴定项目可能存在不同的方法时，专业技术负责人应对方法的原理、仪器设备配置、技术手段等进行分析以选择适合本所实施的方法，必要时采取测试的手段。

3.4 标准方法引入鉴定前，专业室应验证专业室人员、设备、设施环境条件等是否能够满足方法要求，并确保能够正确使用方法得出准确的结论。人员、设备等配置可通过核查验证，是否具备正确实施的能力可通过参加能力验证活动、实验室间比对、标准物质及之前的鉴定经历等进行验证。尤其是对首次运用于本所鉴定的方法。如方法为修订版本，其修订前版本已在本机构使用并得到验证，仅需验证修订的内容部分即可。

3.5 标准方法发生变更，涉及鉴定方法原理、仪器设施、操作方法时，需要通过技术验证重新证明正确运用新标准的能力。

3.6 经验证的标准方法提交机构管理层批准可应用于鉴定活动后，应按照文件控制程序进行发放，并建立发放与回收清单。

4. 作业指导书

4.1 当标准、规范、方法较为原则化，缺少作业步骤而可能影响鉴定/检验结果时，应由专业技术负责人按文件控制程序组织编写有关设备使用、样品接收和处理、鉴定/检验等的作业指导书/操作规程,用来统一和具体指导鉴定/检验的操作。

4.2 作业指导书一般包括以下内容:

a. 适当的标识;

b. 范围;

c. 检材类型的描述;

d. 待测定的参数或量值以及范围;

e. 仪器和设备,包括技术操作要求;

f. 所需的试剂和标准物质;

g. 所需的环境条件;

h. 程序描述:

—样品准备;

—开始工作前进行的检查;

—鉴定/检验过程;

—记录观察情况和结果;

—需遵守的任何健康、安全措施;

i. 结果的判断标准;

j. 需记录的数据和分析。

4.3 仪器操作作业指导书及规程由专业技术负责人指定有经验、能熟练操作相关仪器设备的人员编制。

4.4 作业指导书应由专业技术负责人审核、机构管理层批准后使用;必要时,可外请专家共同参与审核。

5. 方法告知及记录

5.1 应告知委托方所使用的方法。

5.2 当认为委托方建议的方法不适合或已经过期时,专业室应告知委托方,但应以满足委托方要求为准。

5.3 鉴定方法、规程及作业指导书等应按专业分类编制一览表。标准方法验证记录及支持材料,由专业室负责整理,交质量控制办公室归档保存。

6. 总体原则

6.1 科学性：采用的标准方法经过科学实验证实，并具有理论支撑和应用支持，符合法庭科学/司法鉴定行业的职能定位和发展要求。

6.2 可靠性：采用的标准方法必要时可通过鉴定机构间比对、能力验证或测量审核进行检验，保障程序规范和结果可靠。

6.3 规范性：标准方法确认和验证过程具有明确的规范性要求，确认和验证流程包括人员培训、人员考核和能力确认等规范性环节。

7. 相关记录

7.1《鉴定方法/规程一览表》××××-R-2302

7.2《鉴定方法/规程确认表》××××-R-2301

7.3《鉴定标准方法验证表》××××-R-2303

第七章

管中窥豹：12348中国法网司法鉴定案例库的标准应用统计

为贯彻国务院《"十三五"推进基本公共服务均等化规划》，落实《全国司法行政工作"十三五"时期发展规划纲要》，司法部于2017年发布《关于推进公共法律服务平台建设的意见》。该意见明确了公共法律服务平台的作用，即法律事务咨询、法律服务指引和提供等，并规定了服务平台建设在建设标准、总体架构等方面的作用。当下，司法鉴定成为公共法律服务体系中的重要一环，12348中国法律服务网（简称"12348中国法网"）建立的司法鉴定案例库已成为重要的资料，对于专业的司法鉴定人员、司法人员以及普通民众都大有裨益。

第一节 概述

本章搜集了自12348中国法网建设之初的2017年年中（7月—8月）至2022年2月15日间司法鉴定案例库中共计3460份鉴定案例，统计分析了各类型案例数的占比以及标准使用情况。结果显示，3460份案例在基本满足法律事务咨询、矛盾纠纷化解、法律服务指引功能的同时，也是司法鉴定案例研究的重要素材。

第七章 管中窥豹：12348中国法网司法鉴定案例库的标准应用统计

本章以司法部等发布的《法医类司法鉴定执业分类规定》《物证类司法鉴定执业分类规定》《声像资料司法鉴定执业分类规定》《环境损害司法鉴定执业分类规定》为分类依据，实现司法鉴定在鉴定门类[1]和鉴定领域层次的分类。

此外，本章还利用Python编写代码对文档进行检索、筛选，实现对案例类型、发布年度、各地区上传案例数和上传案例的鉴定机构数、访问量、标准使用情况的统计分析。

第二节 结果与分析

从案例类型来看，法医临床鉴定领域案例占比最多，达44%。从访问量来看，各类型案例数量和总访问量呈正相关。

从技术标准应用的情况来看，在鉴定门类层面，声像资料类和物证类标准应用程度较高，使用标准占比分别为92.3%、79.3%；在具体鉴定领域层面，电子数据鉴定、录音鉴定、图像鉴定标准化程度较高，占比分别为95.9%、93.3%、88.5%；法医类使用标准占比仅为38.5%。从使用标准的类型来看，使用国家标准最多的是物证类和法医病理鉴定，占比分别达73%和90.6%。

2.1 案例库中各门类、各鉴定领域案例总数量

本次统计案例数量为3460份，可以满足法律事务咨询、矛盾纠纷化解、法律服务指引等阅读之需。具体各鉴定门类及鉴定领域案例数详见表7-2-1。

---

[1] 司法鉴定执业分类目录的分类级别为类别—领域—分领域—项目。本章将"类别"称为"门类"，只研究到"领域"层次。

表 7-2-1　各鉴定门类及鉴定领域案例数

门类	领域	案例数/份	各门类合计案例数/份
法医类	法医临床鉴定	1544	2802
	法医病理鉴定	521	
	法医物证鉴定	255	
	法医毒物鉴定	86	
	法医精神病鉴定	396	
物证类	文书鉴定	156	463
	痕迹鉴定	267	
	微量鉴定	40	
声像资料类	电子数据鉴定	62	169
	录音鉴定	18	
	图像鉴定	89	
环境损害		48	48
其他		26	26
合计		3508［[1]］	

据表 7-2-1 鉴定门类层面，法医类司法鉴定案例数量最多，有 2802 份，占比 79.9%，约为案例数量第二的物证类司法鉴定的 6 倍，而物证类司法鉴定案例数为声像资料类司法鉴定的近 3 倍。新兴的"环境损害"司法鉴定仅占总案例数的 1.37%。在鉴定领域层面，法医门类下的各鉴定领域案例数量均较多，其中法

---

［1］ 表 7-2-1 中汇总案例数为 3508 份，超过 3460 份案例数，原因为痕迹鉴定与文书鉴定、图像鉴定有重合的部分。

第七章 管中窥豹：12348 中国法网司法鉴定案例库的标准应用统计

医临床领域最多，有 1544 份，占法医类案例数的 55.1%，占案例库总案例数的 44%。物证鉴定门类中，痕迹鉴定领域案例数量最多，为 267 份。声像资料鉴定门类中，图像鉴定领域案例数最多，为 89 份。

总结而言，案例库案例数无论是在鉴定门类层面还是在鉴定领域层面，均较为全面，涵盖了司法鉴定的全门类、全领域。从样本量的角度看，可以满足司法鉴定标准研究的统计要求。

2.2 各省、直辖市上传案例的鉴定领域

从图 7-2-1 可以看出，各地区上传的案例基本覆盖了在实践中需求较大的各鉴定领域，如法医临床、法医病理、法医精神病、痕迹，而且能反映一些地域特点，如云南地区生态资源丰富，其发布的环境损害司法鉴定案例数量就较多。

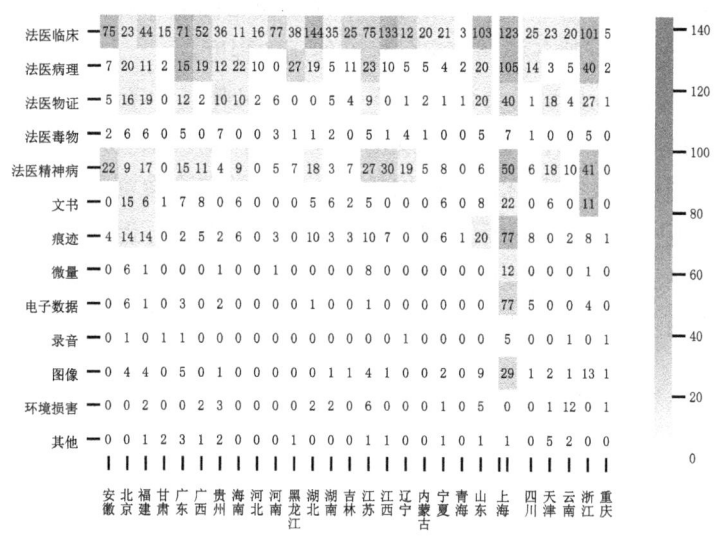

鉴定领域	安徽	北京	福建	甘肃	广东	广西	贵州	海南	河北	河南	黑龙江	湖北	湖南	吉林	江苏	江西	辽宁	内蒙古	宁夏	青海	山东	上海	四川	天津	云南	浙江	重庆
法医临床	75	23	44	15	7	71	52	56	7	7	38	144	35	6	75	133	12	20	21	3	103	123	25	23	20	101	5
法医病理	7	20	11	2	15	3	8	22	10	0	27	19	5	11	23	10	5	5	4	2	20	105	14	3	5	40	2
法医物证	5	16	19	0	12	3	10	2	6	0	0	5	4	9	0	1	2	1	1	1	20	40	1	18	4	27	1
法医毒物	2	6	6	0	5	0	7	0	0	0	3	1	1	2	0	5	1	4	1	0	0	5	7	1	0	0	5	0
法医精神病	22	9	17	0	15	11	5	4	9	6	0	5	4	7	27	30	5	5	8	0	6	50	6	18	10	41	0
文书	0	15	6	1	7	8	0	6	0	0	0	5	6	2	5	2	0	0	0	0	0	22	0	6	0	11	0
痕迹	4	14	14	0	2	5	2	6	0	3	0	10	3	3	10	7	0	0	0	6	1	20	77	8	0	2	8	1
微量	0	6	1	0	0	0	1	0	0	0	1	0	0	0	0	8	0	0	0	0	0	12	0	0	0	1	0
电子数据	0	6	1	0	3	0	2	0	0	0	0	0	0	0	0	0	0	0	0	0	0	77	5	0	0	4	0
录音	0	1	0	1	1	0	0	0	0	0	0	0	0	0	0	0	0	0	0	0	0	5	0	0	0	1	0
图像	0	4	4	0	5	0	1	0	0	0	0	0	1	1	4	1	0	0	2	0	9	29	1	2	1	3	1
环境损害	0	0	2	0	0	2	0	0	0	0	0	2	0	0	0	0	0	0	0	1	0	5	0	0	1	12	1
其他	0	0	1	2	3	1	2	0	0	1	0	0	0	1	1	0	0	1	0	1	0	1	0	5	2	0	0

图 7-2-1　各地上传案例的鉴定领域

上传案例所属鉴定领域的数目，可以说明各地司法鉴定发展的全面性；各鉴定领域上传的案例数，可以说明该地对相关领域的擅长程度。据图7-2-1，从鉴定技术发展的全面性来看，上海、浙江、江苏、北京等地上传案例覆盖了鉴定领域大部分门类，个别地区在个别鉴定领域出现没有上传案例的情况，提示该地区相关鉴定领域薄弱。

总结而言，案例库地域性的特征覆盖了全国各省与直辖市，地域的广度可以满足司法鉴定标准研究的统计要求。

2.3 规范性文件（标准）使用情况

本部分的规范性文件是指标准和非标准的规范性资料。标准又包括国家标准，司法部和其他部门发布的行业标准、地方性标准，而非标准的规范性文件指已在行业中达成共识的资料，如有关鉴定的教科书、技术指南等。本部分使用标准和规范性文件数量的比值来反映各类型鉴定的标准使用的程度。

2.3.1 各鉴定门类使用标准（规范性文件）情况

据图7-2-2，从各门类规范性文件使用情况来看，法医类使用的规范性文件和标准文件均较多；物证类和声像资料类，其总的规范性文件数量和标准文件数量虽不及法医类，但其标准使用程度在四大鉴定门类中均较高；环境损害的标准使用程度为各门类中最低。

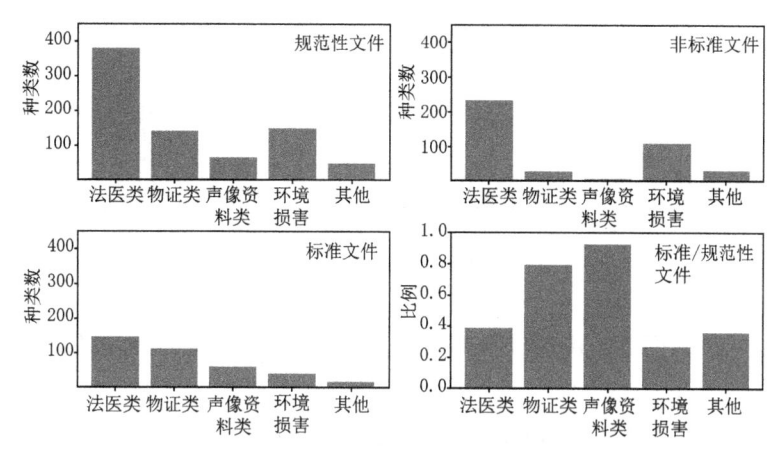

图 7-2-2 各鉴定门类使用规范性文件的情况

2.3.2 各鉴定领域使用规范性文件的情况

据图 7-2-3，从规范性文件的使用情况来看，法医临床领域、法医病理领域、痕迹领域使用的规范性文件最多，但由于法医临床、法医病理以医学为基础，在司法鉴定实践中不可避免地会使用医学的相关文件，其非标准文件数量也较多；对于痕迹领域，其使用的标准文件最多。电子数据和录音领域以及同属于声像资料类鉴定的图像领域，标准使用程度均较其他领域高。

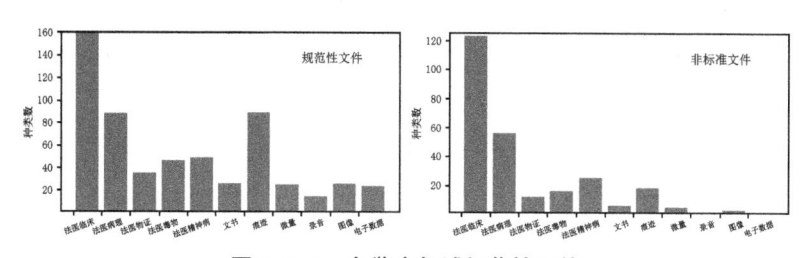

图 7-2-3 各鉴定领域规范性文件

图 7-2-3 （续）

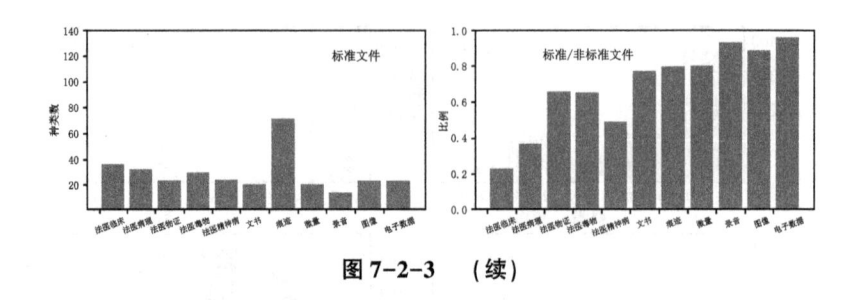

总结而言，声像资料类和物证类内各鉴定领域的标准使用程度均较高。

2.3.3 各鉴定门类各类型标准使用情况

我国将标准分为四个层级，分别为国家标准、行业标准、地方标准和团体标准[1]，不同的标准在内容、制定主体、制定程序和强制力等方面有所不同。国家标准主要是针对一些基础性、涉及生命和健康以及重大财产和国家安全的领域。行业标准扮演一种先行者的角色，对于没有制定国家标准的领域，可先制定行业标准，其也可以细化国家标准。地方标准主要根据各个地方的特点和发展需求来制定。团体标准可以弥补国家标准、行业标准制定周期长、整体数量少的缺陷[2]。因此，不同层级的标准有着不同的使命，某一鉴定领域实际使用的标准层级越丰富，意味着该领域发展越成熟，实际鉴定中越有标准可依。标准丰富性取决于两个因素，一个是标准的层级数，另一个是每种层级的标准数量。

据图 7-2-4，从使用标准的层级数来看，法医类有四个层

[1] 马明等：《高速公路运营企业标准体系设计研究》，载《标准科学》2023年第1期。

[2] 程秀才、秦琲琛、曹坤：《知识产权保护标准化问题及对策建议》，载《标准科学》2023年第1期。

级，声像资料类有三个层级，其余门类均只有两个层级。从各层级标准数目来看，国家标准的数目中物证类最多，其次是法医类；行业标准的数量中法医类最多，其次是物证类，且多为司法部发布的行业规范。因此综合来看，法医类标准的丰富性最好，其次是物证类。

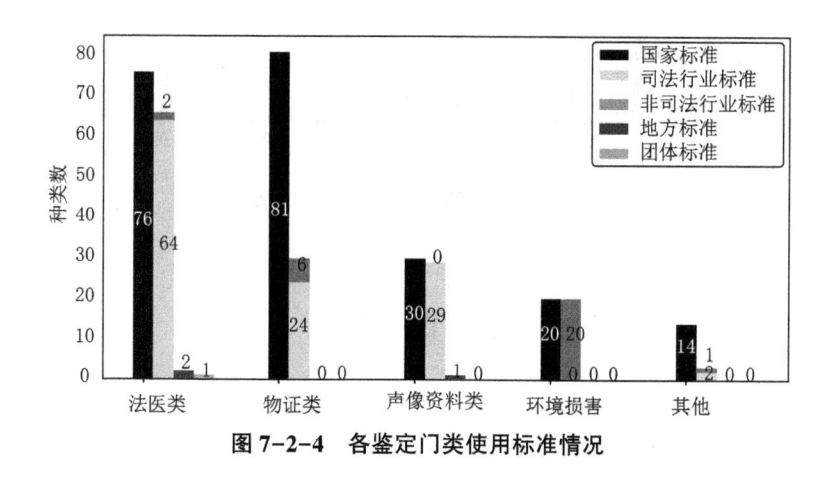

图 7-2-4　各鉴定门类使用标准情况

2.3.4 各鉴定领域各种类标准使用情况

据图 7-2-5，从使用标准的层级数来看，使用了三个层级标准的有法医临床、法医物证、法医精神病、图像领域，其余鉴定领域均使用了两个层级的标准。国家标准的使用上痕迹领域最多，其次是法医病理领域；行业标准的使用上法医精神病、法医临床、法医物证领域相近且较多，三者的使用数量均在 8 种以上。综合来看，法医临床、法医精神病以及痕迹等领域使用标准的丰富性较好。

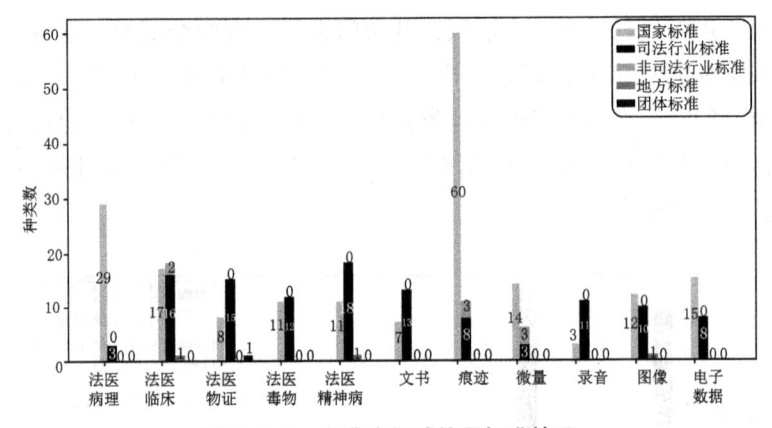

图 7-2-5　各鉴定领域使用标准情况

第三节　建议

一直以来，我国针对司法鉴定案例库的研究都属于空白状态，特别是对标准使用情况的研究。

司法鉴定具有司法属性[1]，目前较为成熟，知名的司法案例库为北大法宝和中国裁判文书网。前者是典型的商业数据库[2]，后者则是最高人民法院强力推动司法公开的成果。同时，根据《最高人民法院关于案例指导工作的规定》和《最高人民检察院关于案例指导工作的规定》，最高人民法院和最高人民检察院通过对优秀案例的筛选，形成了一系列具有指导功能的案例集。本章通过对司法鉴定案例库及其标准使用情况进行梳理与研究，管中窥豹，展现

---

[1] 何晓丹、吴何坚：《司法鉴定服务标准化建设的实践与思考》，载《中国标准化》2018 年第 10 期。

[2] 王飞：《司法案例研究平台的设计与实现》，北京化工大学 2019 年硕士学位论文。

我国法庭科学/司法鉴定领域全门类的技术标准使用情况。通过研究，笔者提出以下建议。

第一，司法鉴定案例库的建设，需要强化技术标准的使用。

可借鉴法条和案例的链接功能优化司法鉴定案例库平台。在北大法宝中检索某一法律条文时，平台会给出适用该法律条文的案例链接。司法裁判"以法律为准绳"，同样，法庭科学/司法鉴定应以"标准"为准绳。据上述统计可知，各类型鉴定在使用标准方面存在标准化的程度不一、丰富性有待加强、国家标准使用占比偏低等现象，因此，建议在司法鉴定案例库的建设中，通过增加技术标准检索框以及标准和案例的链接功能，来推动实践中各类型鉴定的标准使用与标准化进程。另外，也可以通过案例库中统计的标准使用情况，及时反馈标准的问题，促进标准的修改和制定。

第二，通过鉴定标准的使用与阐释，来推动案例库发挥技术指导作用。

虽然我国不是判例法国家，但是生效的裁判文书具有既判力是毋庸置疑的，其对后续案件的裁判有重要的参照意义，特别是最高人民法院和最高人民检察院发布的指导案例。在一般案件中，通常会要求承办案件的法官在作出判决之前，主动检索并制作检索报告，如果有相似指导案例的应当予以参照。根据上述的司法经验，我们可以充分运用案例库的指导功能，推动司法鉴定标准的使用。从本章的统计可知，我国目前各地司法鉴定质量、水平不一，有些地区鉴定资源较为匮乏，有些地区又存在过度扩张或恶性竞争的现象，影响了司法鉴定的公信力。我们通过充分发挥案例库案例中的标准的使用与释法明理作用，提高相关地区的鉴定水平，也可起到统一和规范司法鉴定活动的作用。

第三，通过案例库建设，推动司法鉴定标准与标准化。

司法鉴定还具有自然科学属性，如中国科学技术协会于2018年提出"临床代表作"方案并委托中华医学会开发建设中国临床案例成果数据库[1]，2019年该案例库正式上线启用。中国科学技术协会鼓励临床医务工作者将诊疗经验总结为规范化的病例报告并投给案例库，病例报告在经过同行评议、编辑修改后可免费发布在案例库的官方网站上（https://cmcr.yiigle.com/index）[2]。此举旨在激励临床医务工作者提炼实践经验，提升自身的临床诊疗水平（其中不乏大量的临床路径的阐释、临床专家共识的推广与应用）。数据库目前已拥有逾10万篇病例报告的文献资源，阅读量超过1200万次，为临床医生提供了丰富的医学标准的学习资源。而司法鉴定所辖各学科，特别是以临床医学为基础的法医临床鉴定、法医病理鉴定，属于实践性非常强又强烈依赖技术标准的应用型学科。应用型学科具有较强的实践性与直观性[3]，需要与实践经验相搭配才能获得良好的教学效果，因此，可以充分发挥司法鉴定案例库在鉴定标准学习方面的作用。

---

[1] 李静等：《加强临床案例库建设 促进人才评价制度改革》，载《编辑学报》2022年第5期。

[2] 刘冰等：《中国临床案例成果数据库建设与运营实践》，载《编辑学报》2022年第4期。

[3] 李丽增等：《关于法医临床学案例库建设的思考与探讨》，载《医学教育研究与实践》2021年第3期。

第八章
法庭科学标准的层级理论与应用

第一节 质量与标准的关系

1.1 鉴定质量控制概述

在工作中,法庭科学/司法鉴定的从业人员与团体都在致力于构建可靠和公平的体系,特别是标准化体系,来使鉴定的总体质量控制在能容忍的、相对优质的底线范围内。

质量控制,是为达到质量要求所采取的作业技术及活动。通过监视质量形成过程,消除质量环上所有阶段引起的不合格或不满意效果的因素,以达到质量要求,是为质量控制。法庭科学质量控制是指在法庭科学实践中,采取具体方法和措施使检验、鉴定结果可以满足诉讼证据所提出的质量要求。

国外有关法庭科学质量控制的探讨主要围绕能力验证、实验室认可、实验室质量保证体系等技术层面展开。国内已有的关于质量控制的探讨或是立足于法律层面,或是立足于技术层面。立足于法律层面的探讨综合考虑法律、法规、标准、指南,主要从诉讼法、证据法、司法鉴定法律制度方面对涉及法庭科学的人员、材料、仪器、环境、方法、操作规程进行规制,同时还涉及鉴定人出庭制度、专家辅助人制度、司法行政部门的质量监督制度。[1]

根据《司法鉴定行业标准体系》（SF/T 0061-2020），标准体系（司法鉴定行业标准体系）是指"司法鉴定行业范围内具有内在联系的标准组成的科学有机整体，由基础标准、管理标准和专业标准构成"。由此可见，我国的法庭科学/司法鉴定标准体系概念更注重对于标准进行形式上的、概念上的分类，并由此搭建体系框架。

随着基础学科的发展以及新兴学科的出现，在我国国家标准化战略推进下，未来还会有大量法庭科学类型涌现，如果依旧将其填入现有的标准体系中，势必造成体系的臃肿庞杂。为此，有必要采用更为优化的标准体系思想来指导标准体系建设工作。在下文中，笔者推介了法庭科学标准的层级理论，实际上建构了一个法庭科学质量标准框架。

标准层级理论由宏观到微观，由抽象到具体，将当前法庭科学领域的所有标准安排进一个系统内。这个系统不仅实现了逻辑的自洽，且适用于具体的司法实践。在一个完整质量管理体系中，标准的适用不是割裂的，而应当是紧密相关的，要想将宏观标准的解释细化到具体的科学领域，就要求标准间有衔接。标准层级理论逻辑严密，覆盖面广，且注重实践导向，在我国法庭科学标准日渐繁多的今天，这一理论是值得我们思考和借鉴的一个方向。

1.2 鉴定质量的影响因素

影响司法鉴定质量的因素主要有：鉴定实现之物质依据因

---

[1] 周桂雪、周适、涂舜：《法庭科学质量控制措施的体系构成及域内实践审视》，载《中国司法鉴定》2021年第3期。

素、鉴定运行之主体因素、鉴定运行之科学基础因素、鉴定运行之环境条件因素。[1]

1.2.1 影响鉴定质量之物质依据因素：鉴定资料

所谓鉴定资料，是指鉴定过程中直接用于检验的一切资料的总称，一般认为包括检材和样本。检材就是被检验的对象，是作为证据的原始资料。检材的质量要求是其必须能比较清楚地反映出被寻找客体某一部分的重要特征，即客体的同一认定特征总和具有不可重复性。不同种类的检材，具有不同的鉴定质量要求。不符合质量要求的检材，是不具备鉴定条件的。不同时期的要求不一样，它是根据各个时期科学技术发展水平和鉴定水平决定的。检材的数量太少，会给鉴定造成困难，即使作出了鉴定意见，其意见的可靠性也值得怀疑。

首先，鉴定资料来源必须真实可靠，包括来自何人、何物、何地、何部分必须得到确切的证实。其次，鉴定资料的数量要充分。为了保证鉴定质量，检材与样本都必须注意保全，不同的鉴定资料应采取不同的保全方法。

1.2.2 影响鉴定质量之主体因素：鉴定人

鉴定人作为鉴定意见的生成主体，其主体资格以及鉴定能力直接影响着鉴定结论的科学可靠与否。《中华人民共和国刑事诉讼法》规定，鉴定人是接受公安司法机关的指派或者聘请，运用自己的专门知识或者技能对刑事案件中的专门性问题进行分析判断并提出书面鉴定意见的人。只有在科学与法律严格限定之下的鉴定人作出的鉴定意见，才能成为诉讼的证据，才能被法官采信。鉴定主体的适格性是鉴定质量的重要保障。鉴定主体适格性

---

[1] 霍宪丹：《关于全面推进认证认可 持续提升司法鉴定可靠性的几点思考》，载《中国司法鉴定》2013年第1期。

是指鉴定人具有鉴定所需的专门知识与能力的资格条件。鉴定主体适格性包括两方面的内容，一方面是指鉴定人所运用的知识本身的可靠性，另一方面是指鉴定人应具有相应适格的鉴定能力。鉴定能力的高低直接影响着鉴定意见的可靠性。

1.2.3 影响鉴定质量之科学基础因素：科学原理、技术方法

案件事实所涉及的司法鉴定领域往往十分广泛，鉴定对象的种类繁多，涉及不同的专业技能和知识。我们有必要对专门知识进行类型化分析，按不同的标准划分为不同的类属。对于法律理论和实践而言，可以作出科学知识和经验知识的划分。

由于客观事物具有复杂性、运动性、广泛性等特点，以及人类认识手段、方法具有局限性、滞后性，总会有一些真理暂时未被人们认识。这种人类社会科学技术发展的整体水平，可能影响到司法鉴定的科学可靠性。

1.2.4 影响鉴定质量之环境条件因素

司法鉴定机构及其实验室环境条件是影响司法鉴定质量的又一个重要因素。鉴定机构是对鉴定活动进行计划、组织、指挥、监督、调节，使鉴定活动得以顺利开展的保障。鉴定人进行鉴定时必须依靠一定的仪器设备，鉴定中也要消耗各种材料用品，这些仪器和耗材在某种程度上影响了鉴定人的鉴定能力，因此鉴定机构的资质、条件、技术设备都直接影响着鉴定人的适格性。鉴定人的优劣无疑是影响鉴定结论质量的最关键性的因素之一。随着专门问题涉及领域的不断扩大，将来有些鉴定只能委托机构进行，当直接委托机构鉴定时，就会涉及鉴定机构的认证资格问题，因此从司法鉴定的整体以及鉴定人与鉴定机构的关系出发，鉴定机构的资质也是影响司法鉴定质量的重要因素。司法鉴定应当配置充分的设施和场所，对可能影响鉴定结果的环境条件进行监测和控制，确保在符合标准和规范要求的环境条件下进行司法鉴定活动。

在司法鉴定中，我们也应当对技术的可靠性指标保持关注，反映到司法鉴定中即为鉴定所涉及的技术装备及产品，其可靠性、准确性、排他性等技术要求必须与司法实践的需求相适应。各种技术装备不一而足，用途各异，但应用到司法鉴定中，其准确度、稳定性、性效比等均是我们必须考量的技术指标。因此，配置先进的仪器设备，并对其校准、使用、维护等进行控制，是确保设备满足技术要求、鉴定结果科学可靠的重要条件。

在鉴定过程中，检验检测所需要的耗材的质量、品性如何也会影响检测结果的可靠性，从而影响到鉴定质量，因此，必须对影响鉴定质量的供应品的选择、购买、验收、储存等进行有效管理，确保其能够满足鉴定要求。

第二节 标准层级化理论

在标准体系研究上，新西兰法庭科学家道尔提出了"标准层级"理论[1]，以国际标准、国际标准的应用指南、过程指南、标准操作程序将法庭科学国际标准与国内标准划分成四个等级。该理论在世界范围内被广泛应用与讨论。从更好地开展法庭科学实验室认证认可的角度出发，将国际标准如《检测和校准实验室能力的通用要求》（ISO/IEC 17025：2017）作为法庭科学领域的顶层标准，应用或解释国际标准以满足特定行业需求的指南标准如《法庭科学实验室指南》（ILAC-G19：2002）作为次级标准，将规定法庭科学过程细节的标准如 AS 5388 作为层次结构较低的第三级标准，具体操作方法则位于最底层，构成第四级标准。

---

[1] Sean Doyle, *Quality Management in Forensic Science*, Academic Press, 2018.

该分层结构按照从高到低、从宏观原则到具体方法的顺序，对专业众多、数量庞杂的法庭科学标准进行了分类和导航。特点是随着层次结构的降低，标准中所涵盖的细节越来越多，规范内容的详细程度越来越高。总体来看，这种标准体系层次清晰、结构合理、协调有序，有利于标准的归类、梳理和整合，也有利于标准的分层应用和实施。

实际上，质量控制措施之间彼此相关联，贯穿于法庭科学实践活动运行的事前、事中、事后三个阶段。无论措施的主导者是政府还是第三方组织、国际组织，这些措施都应作为质控措施体系的一部分加以运行。

正如2009年《美国法庭科学加强之路》专题报告所述[1]，实验室应建立严格的日常质量保证和质量控制程序，保证工作的准确性。标准制定组织的关注焦点不应该仅局限于专业领域的标准操作程序，而应关注全过程的质量控制，对鉴定方法本身可靠性、科学性和有效性的评估，以及相关从业人员鉴定能力的保障。2016年美国总统科学技术顾问委员会（PCAST）发布的《刑事司法中的法庭科学：确保形态特征比对方法的科学有效性》专题报告中也强调通过质量管理体系来保障实验室特征比对方法的科学有效性及可靠性[2]。法庭科学领域的重要文件《悉尼宣言》[3]中也提及，要通过增强质量控制来获得更为复杂同时保证质量的法庭

---

[1] 王星译：《美国法庭科学加强之路回顾（2009—2017）——以"科学证据在诉讼中的采纳"为对象》，载《证据科学》2017年第6期。

[2] 王旭、张洺睿：《法庭科学/司法鉴定意见的可靠性问题研究》，载《中国司法鉴定》2023年第3期。

[3] 《悉尼宣言》的概念受到1995年《内乌里姆宣言》的启发，《内乌里姆宣言》推动指纹鉴定领域发生了重大的科学性和长期性变化。《悉尼宣言》在"法庭科学的原则——为2023年国际法庭科学大会铺平道路"全球线上会议发布，参见 https://iafs2023.com.au/virtualevent/。

科学结果。由此可见质量控制对法庭科学的重要性。

2.1 通用级标准

这类标准是指进行特定活动的通用标准，也是最高层级的标准。该类标准针对的活动是某一类特定活动，并不限定于某一特殊的行业或领域，可以说是"放之四海而皆准"的标准，因此是通用的。在法庭科学领域最常见的通用级标准即为 ISO/IEC 17025：2017，此标准在外国，无论是公安、检察还是社会性司法鉴定机构，均要遵循。除了附件及参考文献，该标准包括了八个部分，分别为：范围、规范性引用文件、术语和定义、通用要求、结构要求、资源要求、过程要求、管理体系要求。从其结构可以看出，ISO/IEC 17025：2017 规定的是在进行检测及校准时，对实验室能力、公正性和实验一致性的通用要求，而非针对法庭科学领域专门制定的标准。

第一层级的标准主要由国际标准化组织发布，其中 ISO/IEC 17025：2017 和《检查机构能力的通用要求》(ISO/IEC 17020：2012) 在法庭科学领域最为关键。但应当注意到，ISO/IEC 17025 标准针对的是实验室认证，证明实验室是否具备达到预期的检测和校正能力；ISO/IEC 17020 标准针对的是检查机构认证，证明检查机构是否具有实施特定检查工作的能力。本质上讲两者均是实验室能力检验的标准，主要是在实验室层面上提出具体的管理和技术要求。对于犯罪现场勘查，两标准均非最佳选择。考虑到犯罪现场勘查在法庭科学过程中的重要作用和由犯罪现场勘查产生的后续风险，欧洲的法庭科学工作者认为需要寻找或建立更合适的标准。欧洲认可合作组织于 2008 年发布了《在犯罪现场活动领域实施 ISO/IEC 17020 的指南》(EA-5/03)。最新的《合格评定 能力验证提供者能力的通用要求》(ISO/IEC 17043：2023) 中提出了法庭科学实施过程中的诸多步骤，如检材的发现、识别、提取、包装以及取样等法庭科学专门性活动。上述标准均为国际标准化组织发布，属通用性标准。

2.2 指南级标准

第二层级的标准是指南级别的标准，或者叫解释级别的标准。由于通用级别的标准缺乏针对某一类实验室活动的特定性，需要指南级别的标准对"法庭科学/司法鉴定检测及校准实验室能力的要求"进行具体化，也就是对通用标准 ISO/IEC 17025：2017 进行解释，以便将其应用于法庭科学/司法鉴定领域。解释级标准一般提供的是法庭科学管理、实践和结果的解释及指导。以国际实验室认可合作组织发布的《法庭科学实验室指南》（ILAC-G19）为例，该标准规定了法庭科学的范围以及开展的主要活动，是对法庭科学/司法鉴定活动过程的一个概述性指南。

第二层级的标准主要目的是为组织和认可机构提供指导，这些指南旨在供认可机构用于合格评定。当前最重要的指南级标准是国际实验室认可合作组织指南[1]，国际实验室认可合作组织指南构成了本层级标准的主体，其中重点指南是那些将 ISO/IEC 17025 和 ISO/IEC 17020 应用于法庭科学的相关指南，如 ILAC G19：08/2014。

2.3 流程级标准

第三层级标准称为流程级别的标准，此类标准专注于法庭科

---

[1] G. G. Omelyanyuk, E. V. Chesnokova and B. M. Bishmanov,"Possibilities of Applying the ILAC-G19：06/2022 Manual 'Modules in the Forensic Process' to Improve Forensic Activities", *Theory and Practice of Forensic Science*, Vol. 17, 3 (2022).

学全生命周期流程的细节。澳大利亚标准 AS 5388 即为此类标准，我国的《司法鉴定/法庭科学机构能力认可准则》（CNAS-CL08：2018）也是此类标准。它们完整覆盖法庭科学/司法鉴定一般过程的各个部分，对法庭科学一般流程进行了详细的规定，例如，AS 5388 标准的第一部分对犯罪现场调查过程规定了极为详尽的实操标准，包括现场检查、材料记录、证据收集、现场物品运输以及现场人员安全等各个方面。

流程级标准将覆盖到法庭科学的全生命周期，包括了适用于一般法庭科学过程的标准，即现场检查/样本收集、实验室检验/分析、解释以及报告；与组织的能力、个人的能力以及分析测量验证（VAM）相关的标准；与特定学科相关的标准；以及与法律程序相关的标准。与特定学科相关的标准占据了本层级的大部分空间，其制定主体繁多，在欧洲由欧洲法庭科学联盟制定，在英格兰和威尔士由法庭科学监管机构（Forensic Science Regulator）制定[1]；在美国由美国科学委员会制定[2]。澳大利亚标准协会也制定和发布了一些专业学科标准，其中最恰当的例子是澳大利亚标准 AS 5388[3]，对法庭科学过程进行详细展开，且与最新的国际标准 ISO 21043 相吻合。

---

[1] A. Samuels, "Forensic Science Regulator: The Forensic Science Regulator Act 2021", *The Medico Legal Journal*, Vol. 90, 2（2022）.

[2] L. A. Stern, J. B. Webb, I. Saginor, "Development of a Standards for Forensic Geology Under Nist-Administered Oorganization of Scientific Area Committees（OSAC）for Forensic Science Task Group on Geological Materials", *Geological Society of America Abstracts*, 2023.

[3] James Robertson, Karl Kent, Linzi Wilson-Wilde, "The Development of a Core Forensic Standards Framework for Australia", *Forensic Science Policy & Management an International Journal*, Vol. 4, 3-4（2013）.

2.4 技术性标准

最后一层标准是法庭科学/司法鉴定实验室具体使用的技术性标准以及标准操作程序，就是将某一事件/设备的标准操作步骤和要求以统一的格式/方式描述出来，用来指导和规范日常的工作，我们常将其称为作业指导书。这类标准的目的是实现以上三级标准的要求。在对法庭科学/司法鉴定实验室进行认证认可时，该类标准往往是实验室运作的主要依据。

上述四层标准框架构成了一个典型的标准层级化理论下的标准体系。其框架详见图 8-2-1。

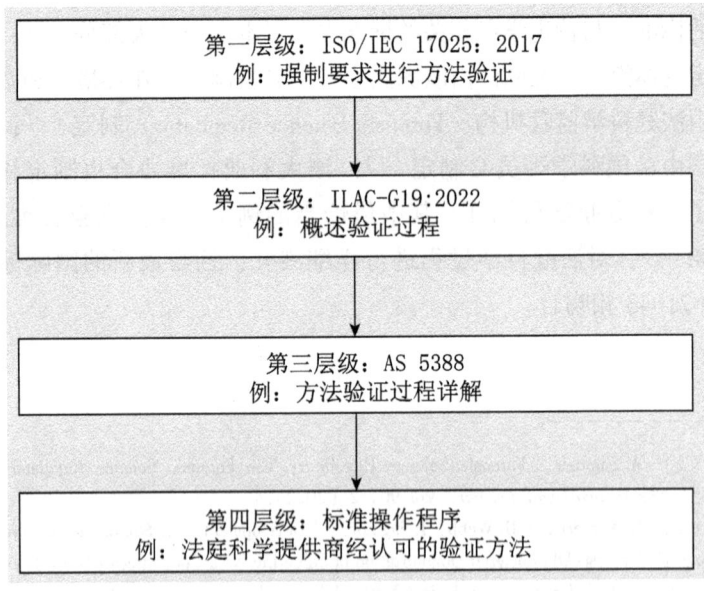

```
第一层级：ISO/IEC 17025：2017
例：强制要求进行方法验证

第二层级：ILAC-G19:2022
例：概述验证过程

第三层级：AS 5388
例：方法验证过程详解

第四层级：标准操作程序
例：法庭科学提供商经认可的验证方法
```

图 8-2-1　标准层级化理论下的四层标准框架

同一标准体系的不同层级标准之间的关联度，同层级标准的颗粒度，是标准开发组织需要考虑的。

第三节　思考与启示

3.1 我国法庭科学标准层级

我国法庭科学标准建设由政府主导，法庭科学领域的标准由公安部下属的刑标委主持。截至2021年，刑标委下设10个分委员会，发布法庭科学相关的国家标准79项，行业标准424项。

2014年，《公共安全行业标准体系表编制规则》（GA/T 1136-2014）发布，确立了专业、技术、管理三大类别的框架，刑标委基于该标准在2019年发布了第三版《法庭科学标准体系结构》（GA/Z 1600-2019），涵盖了13个一级专业类别，下分为22个业务门类。该标准体系反映了刑标委对法庭科学领域的全面认识和覆盖，体系中包括已发布、在编和拟编的标准共1199项[1]。

除法庭科学标准外，我国司法鉴定行业也存在独立的标准体系。2020年，司法部发布了SF/T 0061-2020，尽管该体系规定各专业只制定技术标准，不再自行制定基础标准和管理标准，但其明细表中包含了司法部的部门规章和部颁文件，形成了规范性文件集合，这与当前国家对标准和标准体系的定义又不完全一致。

我国无论是法庭科学标准体系，还是司法鉴定行业标准体系，共同存在的问题是显而易见的：三层架构之间并没有逻辑上的联系。法庭科学/司法鉴定标准需要实践，标准体系的设计需要面向应用，我国当前的标准体系框架显然并没有完全做到这一

---

[1]　张宁等：《中外法庭科学标准化研究现状比较与发展趋势》，载《刑事技术》2021年第1期。

点，很难通过学习该框架了解到标准如何相互作用，从而保证法庭科学/司法鉴定质量，进而保障科学证据的可靠性及有效性[1]。除此之外，我国当前标准数量庞大，整个标准体系相当冗杂，且其中大部分标准都是技术标准，缺乏基础标准和构建质量管理体系的管理标准[2]，标准体系顶层设计的缺陷明显。

3.2 标准层级理论的现实意义[3]

通过对标准的层级化梳理，可以看出在当前的法庭科学标准系统中，标准层级越低其具体化程度越高，但是相应的合格评定不通过的风险也会增加。如质量管理标准体系 ISO 9001：2015 所说，质量管理的总体趋势是降低复杂性并提高灵活性，而法庭科学领域的质量管理似乎正朝着相反的方向发展。对标准层级理论进行本土化，可以增强我国法庭科学标准体系的协调性与适用性。尽管我国的法庭科学标准体系发布于 2019 年，但其面对当前法庭科学标准发展的趋势，并横向参考有关先进的体系模型，使我国的标准体系协调发展，注重实效。

标准间的关系应当明确具体，要让标准"活起来"。借鉴层级理论，可使不同层级的标准有所联系，高层级的标准统揽全局，低层级标准规定专门领域。

对比国外，《法庭科学实验室指南》（ILAC-G19）是国际实验室认可合作组织的指南性文件，其附件中给出了《法庭科学机构鉴定学科领域示例》，包含两个层级的法庭科学领域，可以最简

---

[1] 王旭、陈军：《2018'中国的法庭科学/司法鉴定标准建设与步伐》，载《中国司法鉴定》2019 年第 2 期。

[2] 焦贺娟等：《我国法庭科学标准适用性评价分析》，载《刑事技术》2016 年第 6 期。

[3] 张洺睿、王旭：《层级化视野下法庭科学/司法鉴定标准体系的解析与借鉴》，载《标准科学》2024 年第 6 期。

单地描述为用于协助解决法律纠纷、帮助事实调查者确定司法程序中争议事实的科学指南。

麦绿波将标准体系定义为："根据使用目的，系统性设计的所需标准的合理组成方案和建立的标准资源的集合，主要包括标准体系框架、标准体系表和标准实体，标准体系中的标准是按合理关系进行分类的，标准体系的分类关系用标准体系框架表达。"[1]我国法庭科学/司法鉴定标准在长期建设的基础上，推出了两份标准体系标准：《法庭科学标准体系结构》（GA/Z 1600-2019）与司法部归口的 SF/T 0061-2020，对我国法庭科学、司法鉴定标准按专业门类和标准属性两个层面进行了系统划分，为现有标准的整理归类与后续标准的开发提供了指引。在标准属性层面，我国将标准划分为基础标准、技术标准、管理标准，合理划分标准化对象，促进不同标准之间的协调，使得整体标准技术群结构合理、层次清晰。

我国《标准化法》按照发布主体将标准分为国家标准、行业标准、地方标准、团体标准和企业标准。国家标准又分为强制性、推荐性两类，其余各标准均为推荐性标准。虽然《标准化法》并未明确规定除国家标准外其余各标准之间的法律效力层级，但是，其通过标准研制内容的范围进行了效力上的先后划分，如行业标准的开发只能是在没有推荐国家标准的前提下，地方标准的开发必须是满足其因自然条件、风俗习惯而产生的特殊技术要求。在法庭科学/司法鉴定领域，2016 年《司法鉴定程序通则》明确规定了鉴定活动中使用专业标准的顺序，即国家标准在前，行业标准和技术规范在后的标准层级。

---

[1] 麦绿波：《标准学——标准的科学理论》，科学出版社 2019 年版。

3.3 推行法庭科学/司法鉴定的过程管理

司法鉴定的性质决定了司法鉴定所涉及的行业部门多、社会覆盖面宽，司法鉴定活动表现出技术复杂、知识综合、方法多样等特点，这对司法鉴定的科学化、规范化和专业化管理提出了很高的要求。因此，推进司法鉴定监督管理各项工作，必须坚持科学发展、统筹发展和可持续发展。随着司法鉴定服务领域的不断拓展、司法鉴定专家队伍不断壮大、司法鉴定专业技术的不断更新，司法鉴定投诉纠纷不断增多，司法鉴定管理工作中出现了一些亟待解决的问题。其一，存在执业考核体系不完善的问题。司法鉴定的执业管理，包括对司法鉴定活动的质量管理、程序管理、文书管理、档案管理、诚信管理和违规管理等，这些管理内容都应以质量为中心，是司法鉴定管理部门控制、提升、监督鉴定质量的重要手段。其二，存在执业监管机制不健全的问题。例如，在内部审核过程中，未能报告在审核过程中遇到的重大障碍，以及内部审核所涉及的部门和岗位不同所导致的问题（如危险化学品等实验室的内部审核没有纳入安全保卫岗位）等。

优化鉴定意见的审查认证规则是避免错误鉴定意见成为定案依据的举措，其核心是鉴定意见的关联性、可靠性、合法性三大要素。可靠性可借鉴法庭科学对人员、设备、环境、方法、检测、标准这些影响质量要素的方法论，以此展开优化认证规则的逻辑体系。[1]

---

〔1〕 陈邦达：《鉴定意见审查认证规则及配套机制的优化》，载《法学》2023年第9期。

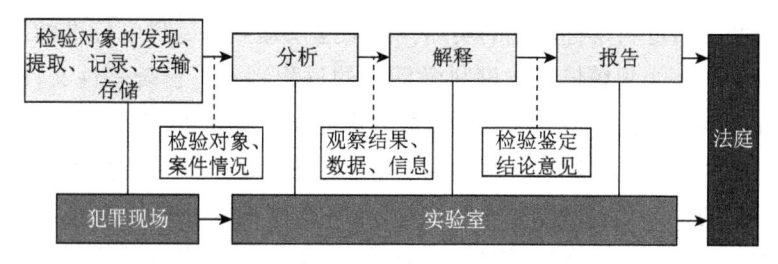

图 8-3-1　法庭科学/司法鉴定实施过程

犯罪现场是法庭科学活动的起点，也是案件关键物证云集之处。从现场提取物证，这是法庭科学活动的第一步，也是至关重要的一步。如果缺少这一部分的标准，将导致物证从提取的源头缺失规范，并最终导致鉴定报告的可靠性存在问题，所以应成立"一个具有协商一致基础的委员会"，最大程度集合利益相关方，为制定法庭科学标准提供公众基础。

3.4 制定统领性标准

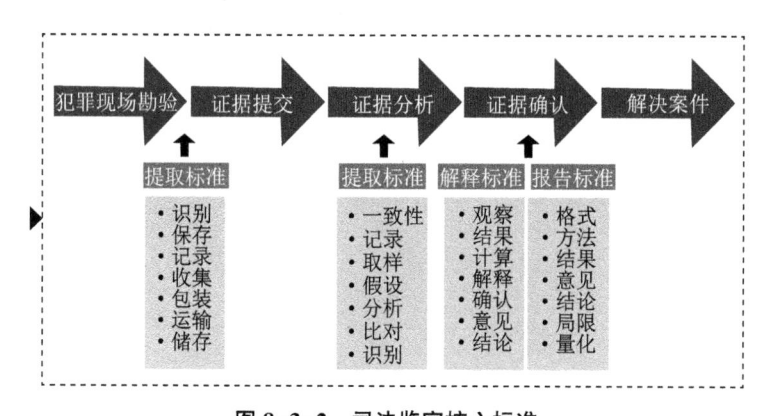

图 8-3-2　司法鉴定核心标准

借鉴国际上法庭科学/司法鉴定标准体系建设的做法，并结合我国法庭科学标准化的实际，本书建议建立法庭科学标准的层级，在每个领域依照法庭科学活动的过程制定一份统领性文件，在此标准文件中适当加入原则性的规范，丰富标准的理论。

我国传统法庭科学标准/司法鉴定领域是依照学科大类进行分类的，分为法医类、物证类、声像资料类以及环境损害四大类，本书则认为我国传统领域法庭科学/司法鉴定活动依照客体的不同可以简单分成两类：一是对人的检查，涉及检查—解释—报告三个环节。在我国，法医临床学、法医精神病学可被视作是对人的检查。二是对物的检查，涉及取证—实验室分析和检验—解释—报告四个环节。我国传统法庭科学领域中除了法医临床学和法医精神病学的其他类均可以被归为对物的检查，包括物证、声像资料、环境损害大类项下的所有学科。

在此基础之上，在对人的检查和对物的检查两个方向各自制定一份统领性标准，此标准依照过程逻辑制定，并在此标准中加入标准化的理论，由此标准来统领下面各个分支学科的技术标准，形成具有层级的标准体系。

第九章
基于现场的法庭科学/司法鉴定证据分析标准

"法庭科学"是20世纪40年代以来西方国家广泛使用的一个概念,对"法庭科学"的理解有广义和狭义之分。狭义说认为法庭科学就等同于物证学或刑事科学技术。为适应法庭科学学科发展和社会发展的需要,目前多采"法庭科学"广义上的内涵,即指运用科学知识和技术为法律的认定和实施服务的学科群。从横向看,"法庭科学"的领域是开放的,包含所有与法律有关的自然科学,如物证学、法医学、电子数据学等。当然,毋庸置疑,基于现场的法庭科学,依然是法庭科学的核心与根本。

第一节 国际法庭科学学科分类与《悉尼宣言》

从前面的介绍可以看出,澳大利亚是标准与标准化非常突出的国家,2023年11月国际法庭科学大会于澳大利亚的悉尼举办,澳大利亚和新西兰法庭科学协会研讨会也同期举行。2023年国际法庭科学大会的主题是"从这里走向何方"(WTFH),大会涵盖了22个法庭科学分支学科,包括法医学、物证学、人类学、考古学、数字法庭科学等,完整的学科列表参见2023国际法庭科学大会网站(https://iafs2023.com.au/),详见表9-1-1。会前发布了著名的《悉尼宣言》。

表 9-1-1　国际法庭科学学科分类

序号	学科（英文）	推荐翻译
1	Anthropology & Archaeology	法医人类学
2	Biological Criminalistics	法医生物学
3	Chemical Criminalistics	法医化学
4	Clinical Forensic Medicine & Forensic Nursing	法医临床学
5	Crime Scene Investigation	犯罪现场调查
6	Document Examination	文件检验
7	Education & Training	培训与教育
8	Digital Forensic Science & Electronic Evidence	电子数据
9	Fingerprint Evidence & Biometrics	指纹鉴定和法医遗传学
10	Firearms & Toolmarks	枪支鉴定
11	Fires & Explosions	火灾与爆炸鉴定
12	Forensic Pathology	法医病理学
13	Forensic Taphonomy & Entomology	法医昆虫学
14	Humanitarian Forensic Science	人道主义法庭科学
15	Illicit Drugs & Clandestine Laboratories	毒品鉴定
16	Management & Quality Assurance	质量控制
17	Military Forensic Science & Counterterrorism	军事法庭科学
18	Odontology	法医齿科学
19	Psychiatry & Behavioural Sciences	法医精神病学
20	Science, Justice & Legal Issues	科学与证据
21	Toxicology & Pharmacology	法医毒理学
22	Wildlife Forensics & Environmental Crime	环境损害鉴定

第九章　基于现场的法庭科学/司法鉴定证据分析标准

1.1 国际法庭科学学科分类

国际法庭科学学科分类列表如下，参考第 23 届国际法庭科学大会（the 23st World Meeting of the International Association of Forensic Sciences，IAFS）。

1.2 《悉尼宣言》产生背景

由于法庭科学与其他成熟的学科不同，尚缺乏广泛的共识和基本原则，《悉尼宣言》试图以超越组织、技术和规程的视角，厘清其基础理论，审视法庭科学的本质，包括定义法庭科学的概念，规定七项基本原则，强调现场痕迹在案件调查中的关键作用，讨论法庭科学专家工作的关键特征，如案情、时间不对称性、不确定性，广泛的科学知识、伦理、批判性思维和逻辑推理等。未来，这些原则有望成为法庭科学执业的基础，并指导其教育培训和研究方向。[1]

在过去十多年间，关于法庭科学有效性和可靠性的研究，使得"法庭科学成为刑事司法制度的支柱"。目前，法庭科学研究的热点问题有陈年冷案、质量管理、认知偏见、证据评价等。多年来，人们提出的许多解决方案常常是局部的而非全局的，大多数案件的解决是通过组织视角（法律组织或技术机构）来完成的，而非通过法庭科学的技术手段。换言之，以往的研究更偏向于组织方面而忽视了法庭科学的总体目标和基本对象。

在科学证据的时代，我们也需要解决这样的问题："法庭科学领域的长足进步，大多数是技术性而不是基本性的，是应用性

---

〔1〕［澳］克劳德·鲁等：《悉尼宣言——从基本原则视角重新审视法庭科学的本质》，何晓丹译，载《证据科学》2023 年第 4 期。

而不是理论性的,是暂时性而不是长期性的。"如何描述和界定法庭科学,以及是否有足够共同的基本原则将其发展成为一门学科(或者学科群),是当前要反思的。这些基本原则对于教育、培训、研究、开发和实务操作等领域都至关重要。许多学者已针对这些问题进行过讨论,但是,与其他成熟学科不同,学者对法庭科学的本质、目标和基本原则仍缺乏共识和普遍认可。正因如此,16位法庭科学家在过去几年里深入研究,旨在尽可能简明扼要地以基本原则的形式对法庭科学及其本质进行界定,并将其命名为《悉尼宣言》。[1]

1.3 法庭科学七项基本原则

《悉尼宣言》在"法庭科学的原则——为2023年国际法庭科学大会铺平道路"全球线上会议发布。

《悉尼宣言》规范了法庭科学七项基本原则,它们是:

第一,现场生成的各种痕迹是信息的基本载体。

第二,现场调查是一项需要科学专业知识的科学和诊断工作。

第三,法庭科学以案件为基础,依赖于科学知识、调查方法和逻辑推理。

第四,法庭科学是在时间不对称性条件下对检验结果的评估。

第五,法庭科学处理的是一系列不确定性问题。

第六,法庭科学具有多重目的和贡献。

第七,法庭科学检验结果在具体语境中才具有意义。

---

[1] [澳]克劳德·鲁等:《悉尼宣言——从基本原则视角重新审视法庭科学的本质》,何晓丹译,载《证据科学》2023年第4期。

第二节 《悉尼宣言》框架下法庭科学/司法鉴定解释性标准架构

依据《悉尼宣言》的相关内容，我们尝试建构法庭科学证据的解释性标准。首先，我们需要了解，法庭科学/司法鉴定专家是依靠科学知识体系或应用科学方法（或部分科学方法），来帮助法官或社会解决法律纠纷中的事实认定问题的。法庭科学/司法鉴定专家通常被认为有三个基本角色：一是调查员，二是评估员，三是证据的解释员。

下面，我们从这三个角色出发，在《悉尼宣言》框架下，尝试架构法庭科学/司法鉴定证据分析标准。

附录：法庭科学/司法鉴定证据分析标准

1. 案件概念

第1条 案件是法律上被界定为特定的犯罪或事件。

案件具有以下特征：（1）是一个结果不能重复的事件。尽管各种证据可以帮助我们厘清事件或案件的时间线等问题，但我们不能完全重建其发生时的内容。（2）事件发生于过去。因此，无论是实物、数据还是基于记忆的信息，都易于丢失。

2. 把犯罪行为作为一个整体来看待

法庭科学/司法鉴定证据分析要解决事实认定问题，要回归现场、重建现场，现场是证据的云集之地。法庭科学/司法鉴定证据分析的目的是"重建"或反映事件真相。具体原则如下。

第2条 发现各种现场痕迹。

发现各种现场痕迹是法庭科学的重要工作，也是现场重建的前提。

法庭科学/司法鉴定证据分析能够为相关痕迹的存在提供可能的解释。发现各种现场痕迹，是证据分析的前提。在痕迹收集和实验室分析之前，发现各种痕迹是所有调查的关键一步。

第3条 借助现场调查活动，准确描述和固定证据。

寻求碎片化的现场证据在更一般意义上的价值。

现场的证据一般包括：

（1）形象痕迹：指纹、足迹、牙痕、工痕、枪痕、车痕、文书痕迹、文件等；

（2）化学类的痕迹，爆炸纵火类的物证，泥土，玻璃纤维物证，塑料、橡胶、油漆涂料物证等；

（3）毒物毒品类的痕迹；

（4）生物痕迹类的物证，如可疑的血痕、毛发、精斑、唾液、植物斑；

（5）音像类的痕迹，如声音、图像资料以及电子物证等。

痕迹证据的评估和收集应由受过一定训练的人员与机构进行。

第4条 做证据清单，特别关注原始证据。

把各种证据均转换为一个概念：痕迹。包括实物证据留下的实物痕迹，也包括非实物的痕迹如记忆等。

上述证据还可以按照以下方式分类：

（1）按照不同来源，可以将证据划分为原始证据与传来证据。凡是直接来源于案件事实本身的证据材料均为原始证据，凡是经过中间传抄、转述环节获取的证据材料均为传来证据。

（2）根据证据与待证事实的关系，可以将证据划分为直接证据与间接证据。凡是能够单独证明案件主要事实的均为直接证据；凡是只能证明案件事实的某一个侧面或者某一个环节，需要与其他证据结合使用才能证明案件事实的均为间接证据。

(3) 根据证据的表现形式,可以将其划分为言词证据与实物证据。凡是能够证明案件情况的事实是通过人的陈述形式表现出来的均为言词证据;凡是能够证明案件情况的事实是通过物品的外部形态特征或者记载的内容思想表现出来的均为实物证据。

(4) 根据是否为负有证明责任的当事人所提出的要证明的事实证据,可以将证据分为本证与反证。

第5条 通过分析、推理来解释证据。

通过发现和科学评估证据获得认知。

法庭科学/司法鉴定证据分析专家需强调亲历性,远离现场或未出现在现场,无论是时间上还是距离上,都会引起证据(信息)的丢失。

第6条 现场勘验遵循洛卡德物质交换定律。

洛卡德物质交换定律是指犯罪行为人只要实施犯罪行为,必然会在犯罪现场直接或间接地作用于被侵害客体及其周围环境并遗留下痕迹,包括物质痕迹和意识痕迹。物质痕迹包括手印、脚印、运输工具痕迹、动物痕迹、工具和器械痕迹、图章痕迹、打印和手抄文字、照片等。意识痕迹是人对被认定客体感觉上的印象、记忆,也包括犯罪心理痕迹等。

该定律指出:"事实上,没有人能在犯罪活动的强度下不留下他／她的多个、多种痕迹,有时是罪犯在现场遗留下的痕迹,有时是通过反作用在他们身上从现场带走的痕迹。无论是留在现场还是附着在罪犯身上,痕迹的种类都具有极大差异性。"

第7条 同一认定规则。

同一性是指客体自身和自身的同一,表现为客体的主要特性(通过特征表现)自身相互符合,称为"特定同一"。在有限条件下,只能认定"种类同一"。种类同一只说明两者相似。"同一"与"相似"有严格的区别。

当一个碎片样本被视为与可能来源具有共同独特性时，其就是该来源的碎片。"一个物体只能与自身相同，而不能与其他物体相同，因为宇宙中所有物体都是唯一的。"

刑事鉴定实践中，只有认定为特定同一，才能确定受审查的嫌疑客体与犯罪事实之间的联系。其理论依据为：

(1) 客体的特殊性是进行同一认定的鉴别依据；

(2) 客体的相对稳定性是同一认定的基本条件；

(3) 客体特征的反映性是进行同一认定的客观基础。

第8条　同一认定结论的判断。

种类同一的肯定结论，能够缩小侦查范围，提供调查方法。

种类同一的否定结论，可据以排除嫌疑。

同一认定作为一种审查物证的原理和方法，侦查、审判人员在勘验中都可以运用。运用同一认定理论和方法作出的结论，称为鉴定意见，具有证据效力。同一认定可用来描述已知来源与特定结果之间的联系。

3. 现场证据，需要解决5W1H问题

第9条　现场证据的5W1H问题。

法庭科学/司法鉴定证据分析，需要思考痕迹的相关问题，包括该痕迹的性质、在哪里找到的、指向什么事件、它们的价值等。

这些问题对于揭示重建案件极为重要：谁（Who）、发生了什么（What）、地点（Where）、时间（When）、与什么人和物有关（With Whom and What）、如何有关（How）。

第10条　围绕现场证据5W1H问题展开的溯因推理。

(1) 理解案件中痕迹生成实体（包括犯罪者、受害者、物体）在现场的活动方式，能够提供关于痕迹的种类、潜在位置和特征的信息。

(2) 痕迹生成方式的分析，遵循洛卡德物质交换定律。

第九章 基于现场的法庭科学/司法鉴定证据分析标准

(3) 解决该问题的关键是确定什么活动可能造成该痕迹证据。对每一个痕迹都赋予其意义。

(4) 分析痕迹，需要正确推论规则，即"溯因推理"过程。

第 11 条 痕迹的同一认定。

(1) 痕迹的检测、发现、赋予意义和分析等，遵循同一性原则（principle of individuality）；

(2) 必须谨慎地对待司法鉴定意见关于"匹配"的含义；

(3) 必要时重新勘验现场，目的是重建事件。

第 12 条 犯罪活动的性质影响着证据的分布。

犯罪活动的性质影响着证据在环境空间的分布方式和分布位置。现场痕迹是信息的载体，能够被发现、恢复、鉴定和解释。

法庭科学/司法鉴定证据分析时应重视痕迹，因为它是一个事件或一系列事件的物理或数字记录的基本成分。痕迹指示了犯罪活动的存在，并提供了犯罪活动之间的联系。

4. 案件重建是极具挑战性的工作

案件重建的复杂性使其需要训练有素的头脑、广泛的科学知识、强大而熟练的观察力以及通过各种科学手段拓展的检测技能。

第 13 条 现场痕迹的相对位置可能指示连续性、方向和相互作用。

信息的结合有助于形成假设。重建过程中有时需要鉴定，鉴定人员需要清晰地表达他们的鉴定意见和解释。案件重建专家需要具备法庭科学、痕迹学、犯罪心理学等综合广泛的知识。

第 14 条 证据的解释以重建案件为前提。

仅观察痕迹不足以使痕迹变得与案件相关，痕迹存在，但需要解码或解释。换句话说，需要一个完善的知识库来明确地识别和理解痕迹，并通过推论性推理来解释和赋予这些痕迹对犯罪事实认定的重要意义。

犯罪活动通常发生在一个地点或现场，从而生成活动的一个记录，其中包括各种痕迹。当这些痕迹被识别、鉴定和分析时，即可为案件提供深刻的科学见解。

5. 法庭科学/司法鉴定证据分析的科学方法论

第 15 条　形成假设，检验假设。

形成假设和检验假设需要具有逻辑性、成熟的调查方法论。

(1) 侧重于案件（以案件为基础），形成一条特定的故事线，由受害者、证人、急救人员、嫌疑人提供与案件有关的主张；

(2) 将痕迹作为焦点，关注检验的作用和限度；

(3) 需要批判性思维、逻辑推理、问题解决和有事实根据的判断。

第 16 条　批判性思维和逻辑推理。

方法包括演绎、归纳、溯因和类比推理，来促进问题的解决和提出是有事实根据的判断。

具体包括：根据特定条件因素和科学规律，演绎"如果事情是那样发生的，那么应该发现/观察到这个结果（痕迹）"。若观察到一个不合理的痕迹/物体，根据科学知识，产生这种现象会有一个明显的原因，从而溯因。反过来，"如果上述第一个明显的原因是正确的，应该还有其他的观察结果/痕迹被找到（演绎的），如果没有，有没有另一个痕迹可以导致第二个原因"。法庭科学/司法鉴定证据分析的主要思维过程是假设—演绎（溯因—演绎）。

第 17 条　法庭科学/司法鉴定证据分析需要"计划—执行—检查—处理"（Plan-Do-Check-Act，PDCA）闭环。

每个案件的事实认定都是溯因推理的结果。

溯因推理的能力应包括实践和认知两个方面，并与教育、培训和质量管理一起形成法庭科学/司法鉴定证据分析的闭环，从犯罪现场的分析和解释过程，到意见的形成和传达。

第 18 条　重视法庭科学/司法鉴定证据分析的不确定性。

证据是案件的碎片性记录，不能完全重建事件。因此，需要重视法庭科学/司法鉴定证据分析的不确定性。

6. 证据解释的目的是作出证据决策

决策者必须获得关于重建过去的充足信念（证明），即回答 5W 和 1H 的问题。

第 19 条　法庭科学/司法鉴定证据分析关注事件重建。

事件重建的基本思路如下：

（1）生成信息点，并对它进行解释；

（2）连接信息点，然后遵循以下七个步骤：

第一步，澄清立场。在任何分析工作之前，分析者必须回答，我是谁？我处在什么过程的什么阶段？什么材料可以用于分析？我试图做什么？

第二步，简述最终待证事实。

第三步，简述潜在次终待证事实。

第四步，简述案件暂时性的理论，选择最适合该理论或多个理论的策略。

第五步，配置关键事项表。

第六步，准备图示——终端产品和关键事项表。

第七步，完善和完成分析。

第 20 条　重建必须基于事件遗留的痕迹进行。

推理是根据结果（痕迹）来尝试确定原因（事件或行为）的活动。

重建总会有不确定性。

法庭科学/司法鉴定证据解释无法确定某一特定痕迹生成源头的确切情况。

第 21 条　重建必须综合考虑各种痕迹背景。

综合考虑各种痕迹、可能生成的背景以及时间对它们的改变和影响。

建立一个回溯性模型，形成一个融贯性的叙述。

第 22 条　重建不是一条直线。

痕迹—线索—证明并不总是一条笔直的路径，相反，它们需要通过推理进行复杂的转换。我们需要在稳健、相关的科学知识基础之上重建，同时认识到推理的局限性。

（1）描述痕迹的生成；

（2）区分特定案件情境下的相关痕迹和无关痕迹；

（3）无关行为生成额外的痕迹，会导致案件相关痕迹的改变；

（4）时间本身可能导致案件相关痕迹降解或改变。

第 23 条　重建总是要关注不确定性问题。

证据分析面对的是一系列不确定性，这些不确定性存在于分析的每一步。

不确定性及其管理是法庭科学/司法鉴定证据解释不可或缺的组成部分。

证据的生成是重建案件过去事实的主干。

证据是不完整、不完美的，会随着时间的流逝而降解。

证据可能只支持对过去事件的近似重建。

新的信息或主张的出现，可能使痕迹的解释和评估都需要修正。

通过情境再现和建模可以适当评估不确定性。

| 第十章 |

鉴定意见可靠性审查标准的构建

有专家指出：鉴定意见可靠性是证据可信性的重要组成部分，与相关性之证据准入门槛相比，可靠性是鉴定意见证据品质高低的主要指标，不可靠的鉴定意见会成为事实认定错误之源。而增强鉴定意见的可靠性有三个主要途径：一是加强鉴定过程质量管理，包括重视预评估（合同评审）程序的作用，建立检材来源全程可追溯机制，维护司法鉴定机构和司法鉴定人的"中立性"；二是完善鉴定意见法庭举证、质证程序，包括辨认鉴真证人凭借亲身知识、司法鉴定人运用专门知识对鉴定材料同一性或真实性的证明，律师和专家辅助人对鉴定意见可靠性的质证；三是法官对鉴定意见基础（基本）有效性和应用（适用）有效性的认证"把关"。在鉴定意见基础有效性审查中，关键是把握具体法庭科学技术的"错误率"和"法庭科学技术标准"。同时，还需要开放的思维，在科学证据的时代，探索鉴定全过程似然比量化控制的理念。[1]

随着需要鉴定解决的专门性问题日益繁杂，采用更多新技术方法进行鉴定已是事实，这使得在司法实践中，对相关技术方法是否属于"该专业领域多数专家认可的技术方法"的争议不断，其实质

---

[1] 张保生、董帅：《鉴定意见可靠性问题研究》，载《中国司法鉴定》2023年第3期。

是对技术方法及鉴定意见可靠性的质疑。为加强鉴定意见的可靠性审查，应当从鉴定委托受理、鉴定意见审查等多程序把关，由具有专门知识的业内专家对技术方法可靠性进行直接审查，并合理分配其可靠性存疑时的证明责任。[1]法官对科学证据的可靠性审查，无须从科学视角对科学证据原理进行检验，而只需从诉讼证明视角审查科学证据的原理是否可靠、该原理是否被正确适用。原理的可靠性审查主要是审查科学证据的原理是否明确、是否有可信证据证明原理的可靠性、是否存在对原理的根本性争议等；原理适用的正确性审查主要是审查科学证据提取的操作过程和方法、证据的分析和计算方法以及专家对意见的论证是否符合科学原理的要求。

有学者认为：我国立法确立的鉴定意见审查认证规则存在一定的疏漏，具体表现为鉴定管理权割据造成审查认证标准不统一、鉴定启动权垄断造成鉴定审查认证缺乏平衡性、"四类外"鉴定管理缺位加剧审查认证难度、鉴定意见可采性规则薄弱造成认证流于形式。专家咨询制度、鉴定人与有专门知识的人出庭制度、司法鉴定标准化建设等改革成效不彰，加剧了审查认证的难度。完善鉴定意见审查认证规则，应树立法官是鉴定意见守门人的理念，从关联性、可靠性、合法性的角度优化审查认证规则，确立鉴定原理和方法的可靠性规则，检材的真实性、准确性和可靠性规则，鉴定主体资质适格性规则和鉴定意见排除规则，加强司法鉴定标准化建设。[2]

应该说司法鉴定可靠性如何，是衡量鉴定人能力水平的重要指标，是评价鉴定机构实力的主要参数，也是司法鉴定管理部门管理

---

[1] 李学军、贺娇：《鉴定意见可靠性审查的实务问题及应对研究——以文书形成时间鉴定技术方法切入》，载《法律适用》2023年第7期。

[2] 陈邦达：《鉴定意见审查认证规则及配套机制的优化》，载《法学》2023年第9期。

水平的客观体现。司法鉴定质量受到多种因素的影响，其中能够被控制的、具有普遍共性的管理因素，从"公正"和"效率"的角度来考量的质量控制因素，鉴定人利用自己的专门性技术知识对专门问题进行判断的能力因素，都是进行鉴定意见质量控制的手段。

下面，我们从审判前证据审查、审判中证据调查分析的角度，来探讨司法鉴定意见可靠性审查标准的构建。

第一节　鉴定意见可靠性分析标准的构建

科学技术的应用，在事实认定中扮演着越来越重要的角色，"科学证据作为一种跨社会科学和自然科学的证据"越来越受到重视。鉴定意见可靠性分析问题，需要提上标准建设的议事日程。我国自《全国人民代表大会常务委员会关于司法鉴定管理问题的决定》起正式开启鉴定制度的改革及完善之路，出台大量法律法规章等文本，一定程度地起到了鉴定意见证明功效审查的作用。从实操的视角来看，法庭对鉴定意见持欢迎态度，以期借助专门知识解决专门性问题。我国某基层检察院2006—2011年共受理审查起诉案件近2500件，其中约2250件包含了鉴定意见，占比高达90%。[1]然而，某些问题可以向科学提出，但科学无法明确回答。根据《司法鉴定程序通则》第23条，司法鉴定人进行鉴定应当遵守和采用国家标准、行业标准和技术规范或是该专业领域多数专家认可的技术方法。而对于不符合或可能不符合该规定之司法鉴定委托，法庭则秉持更为谨慎和保守的态度，足见法庭科学/司法鉴定标准在法庭审理案件中的重要作用。除了法庭，鉴定活动

---

[1] 陈邦达：《鉴定意见审查认证规则及配套机制的优化》，载《法学》2023年第9期。

的端口几乎都是从"现场"开始的。

应该说，法庭科学质量控制已然成为世界法庭科学领域内的普遍议题。法庭科学在质控过程中既面临科学有效性和准确性议题的挑战，也面临着实施过程中的标准执行、人员是否适格等实践问题的挑战。有效的法庭科学质量控制既包括对法庭科学运行过程中各个环节的监控，也包括良好职业文化和配套机制的建立。世界各国质控举措表明，法庭科学质量控制由六项基本措施搭建，包括基础研究与成果转化、认可与认证、标准化、能力验证、教育与培训、法律与道德守则规制。[1]在我国法庭科学质量控制体系完善过程中，需要以明确的路径标准对法庭科学质量控制的具体举措予以推进，我国的 CNAS-CL08 标准，即是总结 ISO 17025、ISO 17020 系列标准，结合我国司法鉴定/法庭科学管理法律法规，制定的一个基于质控的管理标准。

当然，我们认为，鉴定意见可靠性分析标准，其构建的目的更多是为法律人士针对鉴定意见进行可靠性分析提供路径。具体包括：①结合被审查材料的具体情况，形成一份针对性强、操作性强的鉴定意见可靠性分析方案。②熟悉与鉴定意见有关的法律法规，了解鉴定行业和领域特点，有的放矢，对鉴定的目的、范围、内容等有所了解。③鉴定意见程序性内容分析和实质内容分析。可通过人员、设备、环境、方法、检测、标准等步骤的可靠性分析予以展开。关于鉴定意见可靠性标准问题，我们尝试从如下路径展开。

1.1 司法鉴定机构的资格要求

无论是公安检察内部的鉴定机构，还是面向社会服务的司法

---

[1] 周桂雪、周适、涂舜：《法庭科学质量控制措施的体系构成及域内实践审视》，载《中国司法鉴定》2021年第3期。

鉴定机构，都应有在业务范围内进行司法鉴定所必需的依法通过计量认证或者实验室认可的检测实验室，这是法律要求。[1]《全国人民代表大会常务委员会关于司法鉴定管理问题的决定》第5条规定："法人或者其他组织申请从事司法鉴定业务的，应当具备下列条件：（一）有明确的业务范围；（二）有在业务范围内进行司法鉴定所必需的仪器、设备；（三）有在业务范围内进行司法鉴定所必需的依法通过计量认证或者实验室认可的检测实验室；（四）每项司法鉴定业务有三名以上鉴定人。"依法通过计量认证或者实验室认可，是司法鉴定机构检测实验室开展活动的基本法律要求。

需要指出的是，司法鉴定资质认定，即项目计量认证，属于国家强制性要求类别。详见表10-1-1。

表10-1-1 司法鉴定检测实验室资质认定项目分类表（2022版）

领域类别	业务范围	资质认定项目	备注
法医物证	个体识别	人类血（斑）种属试验、人类精液（斑）种属试验、常染色体STR及性别检测	需注明所使用的鉴定材料：如仅检测血液（斑）、精液（斑），唾液（斑）、组织/器官（含毛囊、牙髓）、毛干、牙齿、骨髓、分泌物、排泄物等。
	亲权鉴定（三联体亲子鉴定）	常染色体STR及性别检测、线粒体DNA	
	亲权鉴定（二联体亲子鉴定）	常染色体STR及性别检测、Y染色体STR检测、X染色体STR检测、线粒体DNA	

---

[1]《全国人民代表大会常务委员会关于司法鉴定管理问题的决定》（2005年2月28日第十届全国人民代表大会常务委员会第十四次会议通过）。

续表

领域类别	业务范围	资质认定项目	备注
法医毒物	毒品类	阿片类、苯丙胺类兴奋剂、氯胺酮类、可卡因类、大麻类、芬太尼类、色胺类、卡西酮类等	需注明毒品毒物鉴定对象种类：体外检材、尿液、血液、毛发、唾液、胃内容物、组织器官、分泌物、排泄物等。
	气体毒物类	一氧化碳、硫化氢、磷化氢、液化石油气/天然气等	
	挥发性毒物类	乙醇、甲醇、苯/甲苯、氰化物等	
	合成药（毒）物类	苯二氮䓬类、吩噻嗪类、巴比妥类、三环类等	
	天然药毒物类	天然药毒物类	
	杀虫剂类	有机磷类、氨基甲酸酯类、拟除虫菊酯类等	
	除草剂类	百草枯等	
	杀鼠剂类	抗凝血类杀鼠剂、毒鼠强等	
	金属毒物类	砷、汞、铅、铊、铬、镉、镁等	
	水溶性无机毒物类	亚硝酸盐等	
微量物证	油脂和助燃剂	油脂及残留物	
		火灾现场助燃剂残留物	
	火、炸药和射击残留物	火、炸药及残留物	
		射击残留物	

续表

领域类别	业务范围	资质认定项目	备注
	催泪化学品	催泪化学品	
	橡胶	橡胶	
	玻璃	玻璃	
	泥土	泥土	
	文件材料	纸张	
		墨水	
		油墨	
		粘合剂	
	色料类	染料	
		颜料	
	金属	金属类（包括焊锡、金属颗粒等）	
	其他类	化工产品类、金属和矿物类、纺织品类、日用化学品类、文化用品类、食品类等微量物证常规检测项目	
声像资料	录音鉴定	录音处理	
		录音真实性鉴定	
		录音同一性鉴定	
		录音内容分析	
		录音作品相似性鉴定	
	图像鉴定	图像处理	
		图像真实性鉴定	
		图像同一性鉴定	

续表

领域类别	业务范围	资质认定项目	备注
		图像内容分析	
		图像作品相似性鉴定	
		特种照相检验	
	电子数据鉴定	电子数据存在性鉴定	
		电子数据真实性鉴定	
		电子数据功能性鉴定	
		电子数据相似性鉴定	
环境损害	环境损害司法鉴定业务对应的资质认定项目为：水、气、声、土壤、固体废物等常规环境检测项目		

注：引自《司法鉴定资质认定能力提升三年行动方案（2022—2024年）》。

我国的司法鉴定机构与司法鉴定人施行资格准入制，司法鉴定机构施行诚信等级评估制度（详见司法部《司法鉴定机构诚信等级评估办法（试行）》，司规〔2021〕4号）。司法鉴定机构诚信等级按照综合评估情况分为A、B、C、D四个等级，A级为最佳。

1.2 司法鉴定人员的资格要求

当前，我国施行的是鉴定人资格准入制（司法鉴定/法庭科学专家）。《全国人民代表大会常务委员会关于司法鉴定管理问题的决定》第4条规定："具备下列条件之一的人员，可以申请登记从事司法鉴定业务：（一）具有与所申请从事的司法鉴定业务相关的高级专业技术职称；（二）具有与所申请从事的司法鉴定业务相关的专业执业资格或者高等院校相关专业本科以上学历,从事相关工作五年以上;(三)具有与所申请从事的司法鉴定业务相关工作十年以上经历,具有较强的专业技能。因故意犯罪或者职务过失犯罪受过刑事处罚的,受过开除公职处分的,以及被撤销鉴定人登记的人员,不得从事司法鉴定业务。"

除此之外,相关管理方式在司法部发布的《司法鉴定机构登记管理办法》[1]《司法鉴定人登记管理办法》中有具体要求。

鉴定人需要通过知识、技能、经验或教育获得鉴定资质,其专家资格的审查内容包括鉴定门类及子项。鉴定人执业分类的规范性文件包括《法医类司法鉴定执业分类规定》(司规〔2020〕3号,2020年5月14日公布)、《物证类司法鉴定执业分类规定》、《声像资料司法鉴定执业分类规定》(司规〔2020〕5号,2020年6月23日公布)、《法医类 物证类 声像资料司法鉴定机构登记评审细则》(司规〔2021〕2号,2021年6月15日公布)、《环境损害司法鉴定执业分类规定》(司发通〔2019〕56号,2019年5月6日公布)。

表 10-1-2 法医类司法鉴定执业分类目录

(来源:司法部官网 发布时间:2021-12-28)

序号	领域	分领域及项目
01	法医病理鉴定	0101 死亡原因鉴定 010101 尸体解剖,死亡原因鉴定

---

[1] 根据《全国人民代表大会常务委员会关于司法鉴定管理问题的决定》第16条规定,《司法鉴定机构登记管理办法》已经国务院批准,于2005年9月30日实施(中华人民共和国司法部令第95号)。

续表

序号	领域	分领域及项目
		010102 尸表检验，死亡原因分析
		010103 器官/切片检验，死亡原因分析
		0102 器官组织法医病理学检验与诊断
		0103 死亡方式判断
		0104 死亡时间推断
		0105 损伤时间推断
		0106 致伤物推断
		0107 成伤机制分析
		0108 医疗损害鉴定
		0109 与死亡原因相关的其他法医病理鉴定
02	法医临床鉴定	0201 人体损伤程度鉴定
		0202 人体残疾等级鉴定
		0203 赔偿相关鉴定
		0204 人体功能评定 020401 视觉功能 020402 听觉功能 020403 男性性功能与生育功能 020404 嗅觉功能 020405 前庭平衡功能
		0205 性侵犯与性别鉴定
		0206 诈伤、诈病、造作伤鉴定
		0207 医疗损害鉴定
		0208 骨龄鉴定
		0209 与人体损伤相关的其他法医临床鉴定

第十章 鉴定意见可靠性审查标准的构建

续表

序号	领域	分领域及项目
03	法医精神病鉴定	0301 精神状态鉴定
		0302 刑事类行为能力鉴定
		0303 民事类行为能力鉴定
		0304 其他类行为能力鉴定
		0305 精神损伤类鉴定
		0306 医疗损害鉴定
		0307 危险性评估
		0308 精神障碍医学鉴定
		0309 与心理、精神相关的其他法医精神病鉴定或测试
04	法医物证鉴定	0401 个体识别
		0402 三联体亲子关系鉴定
		0403 二联体亲子关系鉴定
		0404 亲缘关系鉴定
		0405 生物检材种属和组织来源鉴定
		0406 生物检材来源生物地理溯源
		0407 生物检材来源个体表型推断
		0408 生物检材来源个体年龄推断
		0409 与非人源生物检材相关的其他法医物证鉴定
05	法医毒物鉴定	0501 气体毒物鉴定
		0502 挥发性毒物鉴定
		0503 合成药毒物鉴定

续表

序号	领域	分领域及项目
		0504 天然药毒物鉴定
		0505 毒品鉴定
		0506 易制毒化学品鉴定
		0507 杀虫剂鉴定
		0508 除草剂鉴定
		0509 杀鼠剂鉴定
		0510 金属毒物鉴定
		0511 水溶性无机毒物鉴定
		0512 与毒物相关的其他法医毒物鉴定

司法鉴定中一些"经验科学"，主要依靠鉴定人的专业知识和经验，如文件检验中的笔迹鉴定、法医精神病鉴定中的行为能力、刑事责任鉴定等，其专门知识需依靠长期经验积累。对于重大疑难复杂案件，对专家的技术职称的要求则相对较高，一般要求副高级以上的鉴定人员参与或主办。

鉴定人员的资格证明，应以其执业资格证所载信息为准，并注意关注其领域范围、职称、子项、有效期等信息，其中主任法医师、高级司法鉴定人等鉴定系列专有职称代表其鉴定能力水平，其他职称如研究员、教授等，不能充分代表其鉴定能力水平。

更进一步的鉴定能力评价，也可以其参加的外部能力验证的结果（满意、通过、不通过）作为考核指标。

其他涉及鉴定机构、鉴定人、鉴定活动的管理性文件如下：

第一，《司法鉴定机构诚信等级评估办法（试行）》（司规〔2021〕4号，2021年12月28日公布）。司法鉴定机构诚信等级按照综合评估情况分为 A、B、C、D 四个等级,并对相关评估内容和标准作出了规定。

第二,《司法部关于公民非正常死亡法医鉴定机构遴选结果的通知》(司发通〔2019〕50 号,2019 年 4 月 22 日公布)。该通知公布了遴选的优先推荐承办公民非正常死亡法医鉴定工作的 28 家鉴定机构。

第三,《公安机关鉴定机构登记管理办法》(公安部令第 155 号,2019 年 11 月 22 日公布)。

第四,《公安机关鉴定人登记管理办法》(公安部令第 156 号,2019 年 11 月 22 日公布)。对登记管理部门、资格登记、年度审验、资格的变更与注销、复议、名册编制与备案、监督管理与处罚等作出规定。

第五,《公安机关办理刑事案件程序规定》(公安部令第 159 号,2020 年 7 月 20 日公布)。对鉴定人回避规则、立案前接受案件与鉴定、死因确定与尸体解剖、复验复查、鉴定委托、鉴定实施、鉴定意见审查与告知、补充鉴定、重新鉴定、鉴定人出庭及虚假鉴定法律责任等作出规定。

1.3 必备仪器设备的要求

司法鉴定机构开展鉴定活动,需要必备的基本仪器设备。

仪器设备要求,详见司法部《法医类 物证类 声像资料司法鉴定机构登记评审细则》;认证认可机构需满足《司法鉴定/法庭科学机构认可仪器配置要求》(CNAS-AL14:20240731)。其中法医类中的法医病理死亡原因鉴定的相关设备要求如表 10-1-3。

表 10-1-3 法医病理死亡原因鉴定的相关设备要求

序号	项目	场所	仪器配置	单位	配置类型	备注
01	死亡原因鉴定（含虚拟解剖检验）	尸体解剖室	尸体解剖台	台	必备	应有可使用的尸体解剖室
			解剖、测量器械	套	必备	
			照明及消毒系统	套	必备	
			进排水系统	套	必备	
			照相设备	台	必备	
			送排风系统	套	选配	
			录像设备	台	必备	
			运尸车（包括担架、尸体存放舱等）	台	选配	
			尸体冰柜	台	选配	
			淋浴室	间	选配	
		组织器官取材、储存室	取材台（含取材器械）	台	必备	须配置组织器官储存室
			进排水系统、照明及消毒系统	套	必备	
			组织器官固定存放容器	套	必备	
			器官标本存放装置	个	必备	
			电子秤（测量范围 1g—5000g，0.1g—100g）	台	必备	
			送排风系统	套	必备	
		病理切片制片室	切片设备	台	必备*	*不制作病理切片时为选配
			脱水设备	台	必备*	
			包埋设备	台	必备*	

第十章 鉴定意见可靠性审查标准的构建

续表

序号	项目	场所	仪器配置	单位	配置类型	备注
		病理切片诊断室	染色设备	台	必备*	
			试剂柜	个	必备*	
			生物显微镜（放大倍数：40倍—400倍）	台	必备*	*不开展组织病理学诊断时为选配
			多人共览显微镜	台	选配	
			图像采集/拍摄系统	台	选配	
			图像处理系统	台	选配	
			病理切片全息图像扫描仪	台	选配	
		切片、蜡块存放室（柜）	切片存放柜	个	必备	须配置切片、蜡块存放室（柜）
			蜡块存放柜	个	必备	
		虚拟解剖检验室	电子计算机X射线断层扫描设备（CT）	台	必备	应有可使用的虚拟解剖检验室
			磁共振成像设备（MRI）	台	选配	
			数字X线摄影设备（DR）	台	选配	
			血管造影设备	套	选配	
			数字影像存储设备	套	必备	

鉴定机构能力和规范程度，如是否通过实验室认可或资质认定，是否参加能力验证及其结果是否满意，行政质量检查结果如何，需要司法鉴定管理与使用衔接机制的信息沟通。此外，既往鉴

· 165 ·

定意见的采信情况和鉴定人的职业操守也是法院应考虑的内容。

1.4 司法鉴定/法庭科学标准方法的要求

大部分情况下,开展司法鉴定活动,需要标准方法的支撑。标准方法的遴选,需要遵循一定的顺序,即应当依下列顺序遵守和采用该专业领域的技术标准、技术规范和技术方法:国家标准、行业标准和技术规范、该专业领域多数专家认可的技术方法。[1]

为有效开展司法鉴定活动,应允许鉴定机构应用非标方法。但需要按照《司法鉴定/法庭科学机构能力认可准则》的规定,进行方法的确证。

1.5 不属于鉴定的事项

以下情形不属于鉴定事项,需注意区分:①通过生活常识、经验法则可以推定的事实;②与待证事实无关联的问题;③对证明待证事实无意义的问题;④应当由当事人举证的非专门性问题;⑤通过法庭调查、勘验等方法可以查明的事实;⑥对当事人责任划分的认定;⑦法律适用问题;⑧测谎;⑨其他不适宜委托鉴定的情形。

第二节　鉴定意见可靠性举证方法

2.1 鉴定意见可靠性内涵

鉴定意见的可靠性包括重复性、再现性和准确性。重复性,指在已知概率下,一个鉴定人在分析来自同一来源的样本时,总

---

[1]《司法鉴定程序通则》第 23 条明确规定。

能获得相同的结果。再现性，指在已知概率下，不同鉴定人在分析同一样本时，总能获得相同的结果。准确性，指在已知概率下，鉴定人从同一来源的样本和不同来源的样本都能获得正确的结果。本质上，重复性是实验人员本身的可靠性，而再现性则是实验人员之间的可靠性。

鉴定意见的可靠性可以通过有效性检验并以司法鉴定科学方法的有效性为基础。有效性包括两种类型，即鉴定方法的"基本有效性"和特定案例中的"适用有效性"。基本有效性意味着，利用该鉴定方法，原则上可以准确判断可疑检材与已知样本是否同源，即标准本身拥有可靠性。适用有效性则指在具体案件中是否正确适用了鉴定方法、是否能够可靠地应用该实验方法，并且实际上也已经进行了可靠的操作。适用有效性也就是说，鉴定人员有能力正确地应用标准。适用有效性可以由鉴定人参加"能力验证"等方式予以证明。

鉴定原理和方法的可靠性，是鉴定意见可靠性的关键因素。鉴定意见的可靠性是可采性的前提条件，鉴定原理和方法的可靠性是其中最为核心的方面。当某一类鉴定原理、方法根据反复的科学实验被认定为不可靠时，依据该原理、方法形成的鉴定意见即不具有可采性。[1]

鉴定标准是司法鉴定可靠性的质量保证，也是法官审查判断鉴定方法可靠性的指针。鉴定标准亟须由权威标准化组织研制。标准不统一会给鉴定意见的适用带来困惑。以指纹鉴定为例，缺乏统一的指纹认定标准会造成指纹鉴定意见可靠性判断依据不足，鉴定人经验性判断难以衡量。缺乏统一的标准会使法庭难以

---

[1] 陈邦达：《鉴定意见审查认证规则及配套机制的优化》，载《法学》2023年第9期。

确定鉴定意见的可靠性。近年来，我国不断健全完善国家标准、行业标准和技术规范相衔接的鉴定标准体系，《司法鉴定行业标准体系》等 20 项行业标准的发布，提升了司法鉴定的规范性、科学性和可靠性。这些标准既对规范鉴定活动起到了指南作用，也为法官审查鉴定意见可靠性提供了依据。[1]

2.2 鉴定意见可靠性分析要点

2.2.1 科学理论/方法的普遍接受性

第一，一项理论或技术是否能被（且已被）检验。

第二，该理论或技术是否已受到同行评议并发表。

第三，就一项特定技术而言，已知或潜在的错误率是多少，以及是否有对该技术操作进行控制的标准。

第四，该理论或技术在相关科学界内是否有"普遍接受性"。

2.2.2 鉴定主体资格的适格性

鉴定主体资格适格性是指鉴定意见的生成主体，即鉴定机构和鉴定人必须具有对某专门性问题发表意见的资格，这是保障鉴定机构和鉴定人从事司法鉴定活动的前提条件，也是确保鉴定意见可靠性的主体因素。

2.2.3 法庭科学/司法鉴定质量控制的审查

鉴定意见的可靠性分析，还依靠实验室开展的质量管理来完成。[2]

---

[1] 陈邦达：《鉴定意见审查认证规则及配套机制的优化》，载《法学》2023 年第 9 期。

[2] 法庭科学质量控制基于"质量三角"理念，即法庭科学机构、人员、方法所获得的第三方认证认可与标准化活动。法庭科学/司法鉴定机构，需符合 ISO/IEC 17025：2017 和系列法庭科学认证认可文件以及具体标准的要求，开展实验室认可以及资质认定活动，对人员、设备、环境、方法、检测、标准等加以控制，使用"计划—执行—检查—处理"（Plan-Do-Check-Act，PDCA）循环持续改进质量。

法庭科学过程的每个阶段都存在人为决策的因素，这种人为因素可以表现为"基于经验""专门知识"等。对此，可以采取盲法实验（单盲或双盲）来防范动机偏见与认知偏差。

2.3 鉴定意见书可靠性审查要点

2.3.1 鉴定主体的审查

主体审查包括司法鉴定的鉴定机构、鉴定人的资质、业务范围；鉴定人是否需要回避；鉴定人的经验水平如从事司法鉴定工作的时间、鉴定案例、擅长领域、学术成果和同行业的评议；鉴定人品行如有无违反鉴定纪律的行为等。

如果鉴定主体没有经过司法行政部门的登记管理、没有鉴定资质，一般会排除鉴定人出具的鉴定报告的证据资格。但由于诉讼中涉及的专门性问题远超过"四大类"的范畴，对于鉴定主体的适格性问题，应当作出"四大类"和"四类外"的区分。非鉴定专家的资质不明，"四类外"的鉴定主体资格缺乏鉴定人的资质证书，也不存在专家名册。因此在鉴定人、检验人、有专门知识的人多元化尚未整合的情况下，应赋予法官庭上审查专家主体资格的裁量权。根据司法解释，有专门知识的人可以对案件中的专门性问题提出意见。在针对"四类外"的鉴定主体进行适格性审查时，应当排除根据专家有无司法鉴定主体资质证书判断其意见有无证据资格的简单的方法。[1]

2.3.2 鉴定客体的审查

客体审查包括鉴定检材提取方式是否合法；检材与扣押物品清单记载的内容是否一致；检材取样数量是否达到相关要求；在保管

---

[1] 陈邦达：《鉴定意见审查认证规则及配套机制的优化》，载《法学》2023 年第 9 期。

过程中是否存在污染；收集的手段是否合法；收集主体是否有相应的资格等。

2.3.3 鉴定意见的审查

鉴定意见的审查包括是否有明确的鉴定意见，及其与委托鉴定事项是否相一致。

鉴定意见若属于同一认定，则分析比对中的特征符合点质量、数量是否达到要求；比对中的差异点是否可以得到合理解释；检材、样本与案件是否存在关联性；鉴定意见与案件中的物证、书证等其他证据是否存在矛盾等。

2.3.4 鉴定意见书的形式审查

形式审查一般包括是否有委托书、委托鉴定函或委托协议；委托人是否具有委托资格；鉴定意见书是否注明委托事由，以及是否注明委托人；提供的资料是否齐全；是否加盖鉴定机构司法鉴定章；是否由两名以上鉴定人签名；是否注明鉴定过程和论证过程；是否明确检验方法；是否注明鉴定文书出具日期，是否超期；如果是重新鉴定或补充，审查鉴定意见书是否符合补充鉴定、重新鉴定的条件要求；采取的鉴定方法是否按照国家标准、行业标准和社会认可的标准的优先顺序进行；是否依法送达犯罪嫌疑人、被害人。

2.4 不具有可靠性的鉴定意见

不具有可靠性的鉴定意见包括：①鉴定机构不具备法定的资格和条件，或者鉴定事项超出本鉴定机构项目范围或者鉴定能力的；②鉴定人不具备法定的资格和条件、鉴定人不具有相关专业技术或者职称、鉴定人违反回避规定的；③鉴定程序、方法有错误的；④鉴定意见与证明对象没有关联的；⑤鉴定对象与送检材料、样本不一致的；⑥送检材料、样本来源不明或者确实被污染且不具备鉴定条件的;⑦违反有关鉴定特定标准的;⑧鉴定文书缺少签名、盖章;⑨其他违反有关规定的情形。

此处涉及鉴定意见的排除规则。排除规则主要是从消极的角度规定鉴定意见的证据资格。鉴定意见排除规则旨在维持证据在法律上的资格。鉴定意见排除规则通常包括违反鉴定启动程序、回避制度及其他严重违反程序规定的情形:一是鉴定启动程序违法。二是鉴定人违反回避制度。鉴定人没有回避与客观、中立的鉴定原则相悖,这些都应当视为违反程序合法性规则。三是其他严重违反程序法的情形。对于鉴定意见要确立哪些排除规则,各国家都规定了不同的程序性要求。我国《最高人民法院关于适用〈中华人民共和国刑事诉讼法〉的解释》确立了鉴定程序违反规定、鉴定人拒不出庭情形的排除规则。这种排除规则主要目的是形成一种倒逼机制,促使鉴定人履行出庭的义务。[1]

2.5 应当补充鉴定或重新鉴定的情形

鉴定意见书有下列情形之一的,视为未完成委托鉴定事项,应当要求鉴定人补充鉴定或重新鉴定:①鉴定意见和鉴定意见书的其他部分相互矛盾的;②鉴定人不具备相应资格的;③鉴定程序严重违法的;④鉴定意见明显依据不足的;⑤鉴定意见不能作为证据使用的其他情形。

重新鉴定的,应选择上一级鉴定机构与人员,原鉴定意见不能作为认定案件事实的根据。

---

[1] 陈邦达:《鉴定意见审查认证规则及配套机制的优化》,载《法学》2023年第9期。

第三节　鉴定意见作为审判证据的质证方法

3.1 鉴定意见的质证方法

第一，鉴定意见具有言词证据属性。

第二，应建立针对鉴定人的交叉询问程序。

第三，质证目的是确保鉴定意见可靠性。质证目的在于使鉴定意见证明力达到可靠性标准，过程中应确保鉴定意见满足以下条件：①专家的科学、技术或其他专业知识将有助于事实调查人员理解证据或确定有争议的事实；②鉴定意见基于充分的事实或数据；③鉴定意见是可靠的原则和方法的产物；④鉴定专家将原则和方法可靠地应用于案件事实。

第四，鉴定文书的形式审查/质询内容包括：①委托法院的名称；②委托鉴定的内容、要求；③鉴定材料；④鉴定所依据的原理、方法；⑤对鉴定过程的说明；⑥鉴定意见；⑦承诺书。

鉴定书应当由鉴定人签名或者盖章，并附鉴定人的相应资格证明。委托机构鉴定的，鉴定书应当由鉴定机构盖章，并由从事鉴定的人员签名。对鉴定书的内容有异议的，应当要求鉴定人作出解释、说明或者补充。

第五，鉴定过程的审查/质询内容包括：①鉴定人是否存在应当回避而未回避的情形。②鉴定机构和鉴定人是否具有合法的资质。③鉴定程序是否符合法律及有关规定。④检材的来源、取得、保管、送检是否符合法律及有关规定，与相关提取笔录、扣押物品清单等记载的内容是否相符，检材是否充足、可靠。⑤鉴定的程序、方法、分析过程是否符合本专业的检验鉴定规程和技术方法要求。⑥鉴定意见的形式要件是否完备，是否注明提起鉴定的事由、鉴定委托人、鉴定机构、鉴定要求、鉴定过程、检验方法、鉴定文书的日期等相关内容,是否由鉴定机构加盖鉴定专用章并由鉴定人签名盖章。

第六,鉴定意见可靠性的实质审查/质询内容包括:科学理论/方法的普遍接受性、鉴定专家主体资格的适格性以及法庭科学/司法鉴定质量控制的审查。

第七,对鉴定意见有疑问的,人民法院应当依法通知鉴定人出庭作证或者由其出具相关说明,也可以依法补充鉴定或者重新鉴定。

3.2 法庭科学标准在鉴定意见质证中的应用

第一,鉴定意见的得出,原则上需要有技术标准支撑。关于法庭科学标准应用的法律要求,《司法鉴定程序通则》第23条[1]有明确规定。

第二,拟鉴定事项所涉鉴定技术和方法争议较大的,应当先对其鉴定技术和方法的科学可靠性进行审查。

第三,关于法庭科学标准本身的可靠性,可通过考察鉴定方法的科学有效性明确。包括标准的基本有效性和适用有效性。

基本有效性的科学评判标准有两个关键要素:[2]

其一,首先要有可再现且一致的程序用于识别证据样本的特征;其次对比两个样本的特征;最后基于两个样本特征的相似性,确认是否将检测样本声明为匹配。

---

[1]《司法鉴定程序通则》第23条规定:"司法鉴定人进行鉴定,应当依下列顺序遵守和采用该专业领域的技术标准、技术规范和技术方法:(一)国家标准;(二)行业标准和技术规范;(三)该专业领域多数专家认可的技术方法。"

[2] 王旭、张洺睿:《法庭科学/司法鉴定意见的可靠性问题研究》,载《中国司法鉴定》2023年第3期。

其二，通过来自多项独立研究的实证测量以研究该方法的误报率，即将实际来源不同的样本声明为匹配的概率；灵敏度，即将实际来源相同的样本声明为匹配的概率。

适用有效性的科学评判标准也包括两个要素：[1]

其一，鉴定人通过"能力验证"证明能够可靠地应用该实验方法，并且实际上也已经进行了可靠的操作。这一点对于主观方法尤为重要。

其二，关于实验现象是偶然出现的概率的主张，应该是科学有效的。

鉴定人应该报告在基本有效性研究中建立的方法的总体误报率和灵敏度，并应证明基本有效性研究中使用的样本与案件事实相关。在适用该方法时，鉴定人应根据案件中观察到的具体特征报告随机匹配概率。专家不应对某一证据提出超出实证证据和有效统计原则应用范围的主张或暗示。

---

[1] 王旭、张洺睿：《法庭科学/司法鉴定意见的可靠性问题研究》，载《中国司法鉴定》2023年第3期。

第十一章
我国法庭科学/司法鉴定标准争议问题

第一节 我国法庭科学标准交叉重复问题

目前，我国法庭科学/司法鉴定标准建设初见成效，各专业领域已然形成相应的技术标准群与标准体系，在执法、司法中发挥的作用越来越大。随着标准数量的不断累积与学科范畴的不断扩大，标准之间的交叉、重复、矛盾等争议问题逐渐显现，乃至影响办案质效，为鉴定实务工作带来困扰。因此，建立透明、公开、高效的标准争议解决机制，应该提到议事日程上来，这对于法庭科学/司法鉴定标准的高质量发展意义重大。

有学者[1]通过实证研究发现：在法医类鉴定标准的相似度方面，法庭科学行业标准（GA）与司法鉴定技术规范（SF）之间在各个专业均存在着部分标准的重合，法庭科学标准体系内部存在着管理类标准与技术标准、通用标准与专业技术标准交叉的情况。在法医物证标准与法医毒物标准间，存在着标准化对象划分不合理而导致的标准颗粒度过大、过小的问题。此外，部分国

---

[1] 陈子文：《我国法庭科学/司法鉴定标准争议问题研究——以法医类鉴定标准为切入点》，中国政法大学2023年硕士学位论文。

家标准与行业标准、行业标准与行业标准之间存在着相似度过高的情况，显示出标准的制修订工作较为滞后。在我国标准争议解决措施方面，标准信息公开服务平台针对国家标准的功能相对完善，而法庭科学/司法鉴定行业标准的信息展示与意见反馈渠道匮乏，相关的标准化文件对行业标准的争议问题并未作出明确规定。

以法医毒物标准相似度比对为例，可以通过词袋模型、TF-IDF模型、LSI模型计算标准之间的相似度，分析当前各类鉴定标准存在的交叉、重复问题。通过研究发现存在以下问题：一是不同标准体系间存在部分标准的重复，多个法庭科学标准与司法鉴定技术规范的相似度在0.5以上；二是同一标准体系内标准颗粒度不适宜，尤其在法医毒物鉴定领域标准相似度在0.5以上的达20项，普遍存在同一技术方法或同一检材的标准之间交叉、重复问题。结果如表11-1-1。

表11-1-1　法医毒物标准对照组及相似度

	法医毒物标准对照组	相似度
相似标准	《毛发中15种毒品及代谢物的液相色谱-串联质谱检验方法》SF/Z JD0107025-2018	0.55—0.63
	《毛发中△⁹-四氢大麻酚、大麻二酚和大麻酚的液相色谱-串联质谱检验方法》SF/Z JD0107022-2018	
相似标准	《毛发中15种毒品及代谢物的液相色谱-串联质谱检验方法》SF/Z JD0107025-2018	0.5—0.51
	《常见毒品的气相色谱、气相色谱-质谱检验方法 第3部分：大麻中三种成分》GA/T 1008.3-2013	
相似标准	《毛发中△⁹-四氢大麻酚、大麻二酚、大麻酚的液相色谱-串联质谱检验方法》SF/Z JD0107022-2018	0.78—0.87

续表

法医毒物标准对照组		相似度
相似标准	《常见毒品的气相色谱、气相色谱-质谱检验方法 第3部分：大麻中三种成分》GA/T 1008.3-2013	0.66—0.86
相似标准	《毛发中 $\triangle^9$-四氢大麻酚、大麻二酚、大麻酚的液相色谱-串联质谱检验方法》SF/Z JD0107022-2018	
相似标准	《法庭科学 疑似毒品中大麻检验 液相色谱和液相色谱-质谱法》GA/T 1642-2019	
相似标准	《生物检材中32种元素的测定 电感耦合等离子体质谱法》SF/Z JD0107017-2015	0.51—0.54
相似标准	《血液中铬、镉、砷、铊和铅的测定 电感耦合等离子体质谱法》SF/Z JD0107012-2011	
相似标准	《生物检材中单乙酰吗啡、吗啡、可待因的测定》SF/Z JD0107006-2010	0.51—0.63
相似标准	《法庭科学吸毒人员尿液中吗啡和单乙酰吗啡气相色谱和气相色谱-质谱检验方法》GA/T 1318-2016	
相似标准	《血液和尿液中108种毒（药）物的气相色谱-质谱检验方法》SF/Z JD0107014-2015	0.55—0.62
相似标准	《血液、尿液中238种毒（药）物的检测 液相色谱-串联质谱法》SF/Z JD0107005-2016	
相似标准	《血液中188种毒（药）物的气相色谱-高分辨质谱检验方法》SF/T 0064-2020	0.55—0.6
相似标准	《血液、尿液中238种毒（药）物的检测 液相色谱-串联质谱法》SF/Z JD0107005-2016	
相似标准	《常见毒品的气相色谱、气相色谱-质谱检验方法 第3部分：大麻中三种成分》GA/T 1008.3-2013	0.7—0.81
相似标准	《法庭科学 疑似毒品中大麻检验 液相色谱和液相色谱-质谱法》GA/T 1642-2019	

续表

	法医毒物标准对照组	相似度
相似标准	《常见毒品的气相色谱、气相色谱-质谱检验方法 第2部分：吗啡》GA/T 1008.2-2013	0.55
	《法庭科学吸毒人员尿液中吗啡和单乙酰吗啡气相色谱和气相色谱-质谱检验方法》GA/T 1318-2016	
相似标准	《常见毒品的气相色谱、气相色谱-质谱检验方法 第9部分：艾司唑仑》GA/T 1008.9-2013	0.52—0.59
	《法庭科学 疑似毒品中溴西泮等五种苯骈二氮杂䓬类毒品检验 液相色谱和液相色谱-质谱法》GA/T 1647-2019	
相似标准	《常见毒品的气相色谱、气相色谱-质谱检验方法 第10部分：地西泮》GA/T 1008.10-2013	0.55—0.69
	《常见毒品的气相色谱、气相色谱-质谱检验方法 第11部分：溴西泮》GA/T 1008.11-2013	
相似标准	《法庭科学吸毒人员尿液中吗啡和单乙酰吗啡气相色谱和气相色谱-质谱检验方法》GA/T 1318-2016	0.57—0.66
	《法庭科学 毛发、血液中吗啡和单乙酰吗啡检验 气相色谱-质谱法》GA/T 1635-2019	
相似标准	《法庭科学 生物检材中噻嗪酮检验 气相色谱-质谱和液相色谱-质谱法》GA/T 1621-2019	0.51—0.52
	《法庭科学 生物检材中涕灭威检验 气相色谱-质谱和液相色谱-质谱法》GA/T 1623-2019	
相似标准	《法庭科学 生物检材中氯胺酮检验 气相色谱和气相色谱-质谱法》GA/T 1614-2019	0.5—0.61
	《法庭科学 生物检材中氯氮平检验 气相色谱和气相色谱-质谱法》GA/T 1615-2019	

续表

	法医毒物标准对照组	相似度
相似标准	《法庭科学 疑似毒品中二亚甲基双氧安非他明检验 液相色谱和液相色谱-质谱法》GA/T 1643-2019	0.51
	《法庭科学 疑似毒品中可卡因检验 液相色谱和液相色谱-质谱法》GA/T 1645-2019	
相似标准	《法庭科学 疑似毒品中溴西泮等五种苯骈二氮杂䓬类毒品检验 液相色谱和液相色谱-质谱法》GA/T 1647-2019	0.52
	《法庭科学血液中地西泮等十种苯骈二氮杂䓬类药物气相色谱-质谱检验方法》GA/T 1322-2016	
相似标准	《法庭科学吸毒人员尿液中苯丙胺等四种苯丙胺类毒品气相色谱和气相色谱-质谱检验方法》GA/T 1319-2016	0.51—0.52
	《法庭科学吸毒人员尿液中氯胺酮气相色谱和气相色谱-质谱检验方法》GA/T 1329-2016	
相似标准	《中毒案件检材中可卡因及其主要代谢物苯甲酰爱冈宁的HPLC和GC定性及定量分析方法》GA/T 207-1999	0.51—0.56
	《中毒检材中阿米替林、多虑平、三甲丙咪嗪、氯丙咪嗪、丙咪嗪的定性及定量分析方法》GA/T 199-1998	
相似标准	《中毒案件检材中可卡因及其主要代谢物苯甲酰爱冈宁的HPLC和GC定性及定量分析方法》GA/T 207-1999	0.54—0.61
	《中毒检材中苯唑卡因、利多卡因、普鲁卡因、丁卡因、布比卡因的GC/NPD定性定量分析方法》GA/T 190-1998	

从表中可以看出，法医毒物标准的交叉、重复问题主要存在于三个方面。

第一，不同标准体系技术标准的交叉、重复，如SF/Z JD0107025-2018与GA/T 1008.3-2013，SF/Z JD0107022-2018与GA/T 1008.3-2013，SF/Z JD0107006-2010与GA/T 1318-2016。

第二，同一标准体系中利用同一技术针对不同检材的技术标准之间的交叉、重复，如SF/Z JD0107025-2018与SF/Z JD0107022-2018，GA/T 1008.10-2013与GA/T 1008.11-2013。

第三，同一标准体系中针对同一检材的不同技术的技术标准之间的交叉、重复，如SF/T 0064-2020与SF/Z JD0107005-2016，GA/T 207-1999与GA/T 190-1998等。因此，可以得出结论，法医毒物鉴定标准的交叉、重复问题主要是同一标准体系的标准划分逻辑、标准的颗粒度设置不合理。此外，司法部与公安部各自归口的鉴定标准之间也存在着一些交叉、重复问题。

反观域外，标准交叉重复问题也时有发生。加拿大等国逐步建立了标准争议解决措施[1]，一方面通过顶层设计避免技术标准之间的交叉、重复，另一方面通过清晰的争议解决流程及相关的配套文件，及时对相关各方提出的争议予以回应，依据客观标准予以评判。从过程而言，域外的标准争议措施在标准的立项阶段明确了标准的研制需要符合术语词典及标准开发模板，在标准的争议解决阶段明确了标准争议解决流程及争议的评判标准，标准信息公开平台功能更加完善，意见反馈渠道顺畅。

第二节 加拿大标准争议解决机制

加拿大标准委员会建立了专门的解决处理标准交叉重复问题的

---

[1] 陈子文：《我国法庭科学/司法鉴定标准争议问题研究——以法医类鉴定标准为切入点》，中国政法大学2023年硕士学位论文。

第十一章　我国法庭科学/司法鉴定标准争议问题

机制（duplication resolution mechanism），具体内容在《加拿大标准制定计划概述》文件（Canadian Standards Development Program Overview）中有所阐释。

加拿大标准委员会一直与众多利益相关者合作，就如何加强加拿大标准信息化、解决标准重复和交叉问题征求反馈和建议，并制定了减少加拿大标准重复和标准化工作相关人员重复工作的解决方案。加拿大标准委员会开发了一套集中通知系统，将其认可的标准开发组织的新项目意向发布在系统中，也将来自这些标准开发组织的已发布标准库公布在系统中，为标准开发组织提供单一访问的接口，便于标准开发组织获取有关标准开发和制定活动的信息。这种信息系统集中、开放和透明，在解决标准的重复与交叉难题上行之有效。[1]

加拿大标准委员会提出了评价标准应包含的七个方面：①关键利益相关者的战略需求；②标准类型；③是否过时；④认证计划；⑤过渡标准；⑥维护成本；⑦其他详细信息。

如果促成的讨论不成功，关键利益相关者的战略需求是加拿大标准委员会作出决定的最重要的考量因素，包括立法者、行业、政府、消费者以及具有管辖权的权威机构的需求。

加拿大的标准重复解决机制在国际上具有示范作用[2]。它将标准的交叉、重复问题在立项时予以解决，并设置了详细的流程及评价标准。严谨的制度设计促进了标准领域"标准交叉、重复"问题的有效解决。我国对于立项时审查标准的交叉、重复问题相关规定较少，亦无参照标准，更多是通过标准实施后根据反馈意

---

[1] 加拿大标准委员会官网，载 https：//www.scc.ca/，最后访问日期：2024年6月8日。
[2] 陈子文：《我国法庭科学/司法鉴定标准争议问题研究——以法医类鉴定标准为切入点》，中国政法大学2023年硕士学位论文。

见进行后期矫正。加拿大的经验值得我们借鉴，它实际上也折射出加拿大在标准化组织的宏观设计方面有其独到之处。

第三节 我国法庭科学/司法鉴定标准争议解决机制的框架

3.1 流程

我们用图示的方法，对标准争议解决机制的体系框架从宏观和微观角度进行构建，详见图11-3-1和11-3-2。

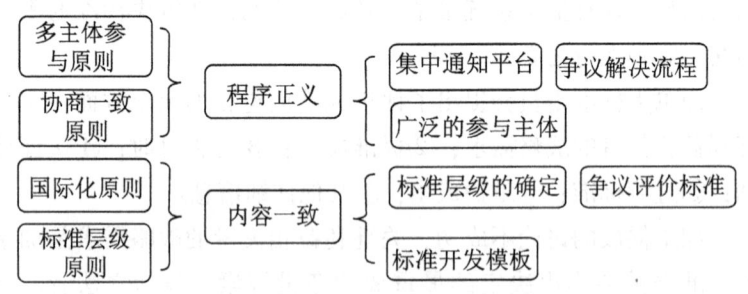

图 11-3-1 宏观视角下的法庭科学/司法鉴定标准争议解决机制

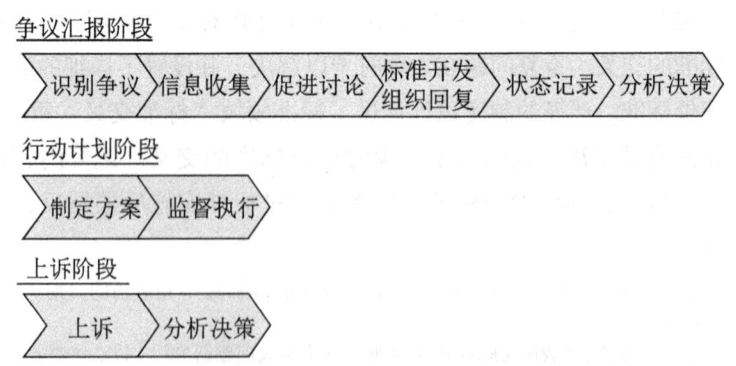

图 11-3-2 微观视角下的法庭科学/司法鉴定标准争议解决机制

第十一章 我国法庭科学/司法鉴定标准争议问题

从宏观角度出发，为实现该机制的程序正义和标准内容的一致，需要形成标准争议仲裁的权威主体，建立法庭科学/司法鉴定标准信息公开平台，将与鉴定活动相关的各类参与主体关于标准的争议问题通过争议解决流程进行协商解决。为确保标准争议能够被精准地识别并公正地处理，需要依托标准层级的确定、标准开发模板和争议评价标准。关于四原则解析如下。

第一，多主体参与原则。法庭科学/司法鉴定标准的研发、实施与更新涉及执法、司法部门的多个主体，因此在构建机制时应当广泛吸纳法院、检察院、公安、法庭科学/司法鉴定专家、学者等。

第二，协商一致原则。标准本身是协商一致的产物，因其本身并非像法律、规章等具有强制力，更多需要鉴定人的自觉遵守，实施效果差、矛盾冲突的标准在实践中难以有效应用，因此在研发标准的过程中需要注重标准立项过程中的意见反馈，以使权威、高质量的标准获得广泛认可。

第三，国际化原则。出于打击跨国犯罪等原因，世界各国的法庭科学领域的联系越来越密切，在各国的参与下，法庭科学领域最高层级的标准 ISO 21043 系列标准已经出台多部，未来该国际标准会进行进一步完善，并作为指导全球法庭科学/司法鉴定行业的最高层级标准。因此，在研发我国法庭科学/司法鉴定标准的时候应当提前规划，并通过标准协商机制保持与国际标准的同步。

第四，标准层级原则。我国法庭科学/司法鉴定标准大多是行业标准，少部分是由行业标准转化为的国家标准，目前各地方的地方标准亦在大力推行中。根据我国《标准化法》，不同层级的法庭科学/司法鉴定标准的效力不同，行业标准不得与国家标准矛盾，地方标准只能在特定范围、领域内制定，因此，为法庭科学/司法鉴定标准划定层级以避免不同组织制定的标准之间出现交叉、重复问题至关重要，应当纳入标准协商机制中。

从微观视角来看，法庭科学标准争议解决机制共分为三个阶段：争议汇报阶段、行动计划阶段、上诉阶段。

争议汇报阶段，准备标准立项的标准制定组织将标准立项各项信息在集中通知平台上予以公开，相关利益各方对标准立项信息进行查看，看其是否存在争议，若存在争议则将争议反馈至集中通知平台，集中通知平台通知标准制定组织存在争议，收取其回复并组织听证。随后在听证过程中记录争议信息，并通过权威仲裁主体作出决策。

行动计划阶段，标准制定组织根据权威仲裁主体的决策制定修正方案，并在其监督下执行。

上诉阶段，若标准制定组织的修正方案不合理或执行未到位，则相关利益方可上诉，由权威仲裁主体作出最终决策。

3.2 以《标准化法》为框架的建议

我国法庭科学/司法鉴定行业应当重视并构建标准争议解决机制，对法庭科学标准体系与司法鉴定行业标准体系存在交叉、重合的领域进行识别，在重合领域内，在基础标准术语、标准体系结构方面协商一致。此外，标准争议的解决需要依托于标准信息公开平台的建设，依赖于明确、具体的解决流程和客观、合理的标准争议评判标准。笔者建议开展目前法庭科学/司法鉴定标准争议问题的研究，参照国内外的标准争议解决方案，在《标准化法》框架下构建我国法庭科学/司法鉴定标准争议解决机制。

建议积极借鉴国外已有针对法庭科学标准争议解决的相关措施，分类整合后融入我国法庭科学/司法鉴定标准争议解决机制，尤其是国外的相关程序设计方面。以《标准化法》规定的法庭科学标准化协调机制为基础，通过以下方法开展研究。

3.2.1 过程法

国外法庭科学标准化尤其注重过程控制，既体现在标准内容上，亦体现在标准制定过程中，如 ISO 21043 国际法庭科学标准在制定时，就是按照既定的标准制定流程推进的。在建构法庭科学标准协商机制时，一方面应将我国标准制定的相关要求作为基础，另一方面应将标准协商机制融入进去，以此解决不同阶段产生的不同争议，如标准立项时需要公开征求意见，防止标准之间的交叉、重复，标准实施后需要意见反馈，以促进标准的更新。

3.2.2 分类法

标准争议的种类繁多，尤其是法庭科学包含众多学科，各专业标准亦存在各种争议，因此需要将争议进行归类，如标准的质量与结构问题、通用标准和各专业标准的问题。在分类的基础上，不同的问题对应不同的解决措施。

3.2.3 系统法

如上所述，法庭科学/司法鉴定标准的不同争议需要对应不同的解决措施，但是太多的机制设置将使得整个解决措施变得臃肿，工作机制复杂且低效，因此，需要将不同的机制进行整合，以高效、便捷的方式解决争议。

3.2.4 层次法

我国《标准化法》将标准分为四个层级，并就不同层级标准的内容进行了规定，因此实际上形成了国家标准高于行业标准、行业标准高于地方标准的法律层级。因此，在不同层级标准的争议解决方面也应当遵循《标准化法》的规定，并予以明确。

在具体目标上，针对我国目前法庭科学标准发展的需要，我们应遵循以下几点原则：一是建立明确、详细的标准协商流程；二是明确标准的不同层级及其效力；三是建立法庭科学/司法鉴定标准信息公开平台。

在构建法庭科学/司法鉴定标准协商机制时，需要符合法庭科学/司法鉴定特定专业的要求，因此构建该机制时应当注重四项原则，即多主体参与原则、协商一致原则、国际化原则和标准层级原则。

第十二章
现行有效法庭科学/司法鉴定标准与应用

第一节 法医类鉴定标准的具体应用[1]

1.1 法医病理学标准目录

表12-1-1 法医病理鉴定常用标准

序号	常用标准名称与编号
1	《法庭科学尸体检验照相规范》GA/T 1198-2014
2	《道路交通事故尸体检验》GA/T 268-2019
3	《法庭科学 尸体检验摄像技术规范》GA/T 1585-2019
4	《法医学 尸体检验技术总则》GA/T 147-2019
5	《法医学 机械性窒息尸体检验规范》GA/T 150-2019
6	《法医学 机械性损伤尸体检验规范》GA/T 168-2019
7	《法医学 新生儿尸体检验规范》GA/T 151-2019
8	《法医学 中毒尸体检验规范》GA/T 167-2019

---

[1] 案例来源于法大法庭科学技术鉴定研究所。

续表

序号	常用标准名称与编号
9	《法医学 猝死尸体检验规范》GA/T 170-2019
10	《法医学 病理检材的提取、固定、取材及保存规范》GA/T 148-2019
11	《法医学 死亡原因分类及其鉴定指南》GA/T 1968-2021
12	《法医学 机械性损伤致伤物分类及推断指南》GA/T 1969-2021

表 12-1-2　法医病理鉴定之其他补充标准

序号	补充标准名称与编号
1	《法医学尸体解剖规范》SF/Z JD0101002-2015
2	《法医学虚拟解剖操作规程》SF/Z JD0101003-2015
3	《尸体多层螺旋计算机体层成像（MSCT）血管造影操作规程》SF/T 0067-2020
4	《不锈钢尸体解剖台》GA/T 750-2021
5	《现场白骨化尸体骨骼提取、保存、运输规范》GA/T 1189-2014
6	《法庭科学 硅藻检验技术规范 微波消解-真空抽滤-显微镜法》GA/T 1662-2019
7	《人体组织器官中硅藻硝酸破机法检验》GA/T 813-2008
8	《尸体解剖检验室建设规范》GA/T 830-2021

1.2 法医病理学案例应用（节选）

一、基本情况

委托人：××市××区医院及死者家属王×。

鉴定事项：王××的死亡原因。

受理日期：2024 年 1 月 22 日。

被鉴定人：王××，男，62 岁，身份证号×××228196106××××××，2024 年 1 月 19 日死亡。

鉴定材料：1. 尸体 1 具（王××）；2.××市××区医院急诊病历复印件 15 页；3.××市××区医院住院病历（病案号：454104）复印件 70 页、影像学片（××区医院，2024/01/17，×××）11 张及影像学片（×× County Hospital，1/19/2024，×××）1 张、冠状动脉造影图像（病案号：015534）17 个（存储于"015534 王××"光盘内）；4. 北京××检测有限公司司法鉴定中心司法鉴定意见书[编号：×××（2024）毒鉴字第×××号] 原件 7 页。

鉴定地点：××交通事故存尸中心（××）解剖室及本所。

解剖日期：2024 年×月××日。

二、基本案情

2024 年 1 月 16 日，被鉴定人王××因无诱因出现背痛、伴憋气，半小时前症状加重就诊于××市××区医院急诊，并于 2024 年 1 月 17 日住院治疗。2024 年 1 月 19 日行冠状动脉造影术中出现意识丧失等情况，后经抢救无效于当日死亡。

三、鉴定过程

（一）简要过程

接受鉴定委托后，某鉴定中心对送检材料进行了文证审查，依照 GA/T 147-2019、GA/T 148-2019 标准，对被鉴定人王××的尸体进行了解剖检验，后在本所对解剖时所提取的被鉴定人王××器官标本进行组织病理学检验。

（二）解剖所见

……心重 449g，大小为 19.0cm×13.5cm×5.0cm。左心室后壁（后乳头肌背侧）内膜可见 1 处破裂口，边缘不光滑；与左心室后壁心外膜破裂口相通，二者之间心肌层可见出血。主动脉根部内膜散在粥样斑块形成；左、右冠状动脉开口通畅，位置正常。左冠状动脉主干及前降支起始段内膜粥样斑块形成，管腔狭窄Ⅲ~Ⅳ级；左冠状动脉前降支中上段内膜粥样斑块形成，管腔狭窄Ⅰ~Ⅱ级；左冠状动脉前降支距左主干分叉2.5cm处至6.5cm处管壁进入心肌层走行，覆盖管壁心肌层最厚处约为0.2cm，形成肌桥。左冠状动脉旋支中前段内膜粥样斑块形成，管腔极度狭窄，其后段局部管壁内膜粥样斑块形成，管腔狭窄Ⅲ~Ⅳ级。右冠状动脉末段内膜粥样斑块形成，管腔极度狭窄，局部管腔内可见血栓样物堵塞；余处右冠状动脉内膜散在粥样斑块形成，管腔狭窄Ⅰ~Ⅱ级。室壁厚度：左心室壁1.0cm，右心室壁0.3cm，室间隔1.0cm。瓣膜周径：主动脉瓣7.5cm，肺动脉瓣8.5cm，二尖瓣10.5cm，三尖瓣11.5cm。

检材提取：提取全脑、心及部分颈总动脉、双肺、部分肝、胆囊、部分脾、部分胰、部分双肾及双肾上腺、喉、部分气管、部分食管、部分胃及部分肠、双甲状腺、部分膀胱用于组织病理学检验；提取心血用于毒（药）物检验。

（三）组织病理学检验

……心：自溶。左冠状动脉主干及前降支起始段内膜粥样斑块形成，斑块内可见胆固醇结晶和钙盐沉积，管腔狭窄Ⅳ级；左冠状动脉前降支中上段内膜粥样斑块形成，管腔狭窄Ⅱ级；左冠状动脉前降支管壁周围还可见心肌纤维包绕；左冠状动脉旋支内膜粥样斑块形成，管腔狭窄Ⅲ~Ⅳ级。其中，左冠状动脉旋支中前段内膜粥样斑块内可见胆固醇结晶和钙盐沉积，管腔明显狭窄达Ⅳ级。右冠状动脉末段内膜粥样斑块形成，斑块内可见胆固醇结晶，管腔内可见血栓堵塞。左心室壁、室间隔、右心室壁及前乳头肌部分心肌纤维横纹不清，嗜伊红染色增强，伴局部内膜下心肌纤维肌浆凝聚及收缩带形成；局部灶状心肌纤维坏死处可见吞噬细胞及成纤维样细胞增生，伴少量胶原纤维沉积；间质小血管周围可见胶原纤维沉积，小血管内可见较多中性粒细胞。其中，左心室后壁破裂口内可见灶、片状出血，局部还可见小血栓附着；左心室后壁破裂口处及其周围可见灶、片状心肌纤维变性坏死及收缩带形成，伴间质灶、片状出血及广泛性大量中性粒细胞浸润。

（四）法医病理学诊断

1. 冠状动脉粥样硬化性心脏病、右冠状动脉血栓形成、急性心肌梗死、心脏破裂和心包腔积血；2. 左冠状动脉前降支肌桥；3. 局灶性脑基底动脉及双侧颈内动脉粥样硬化，脑、脾小动脉硬化，局灶性肾小球玻璃样变；4. 肺淤血、水肿；5. 局灶性肝脂肪变。

四、分析说明

1. 未见被鉴定人王××因所检毒（药）物中毒导致死亡的证据。

2. 根据尸体解剖检验，发现被鉴定人王××右腕部前外侧皮肤青紫变色，其内可见 1 处针孔，符合冠状动脉造影穿刺所致。此外，还发现被鉴定人王××胸前区剑突左侧 2.0cm 处可见点灶状皮肤暗红色改变（对应处皮下软组织少量出血），其内可见针孔；心包左下方内侧面（前纵隔左下方近膈肌处出血的对应处）可见 1 处针孔，伴周围青紫变色等。结合现有临床资料，考虑为心包穿刺术后的病理学所见。未见可以直接致死的机械性损伤及机械性窒息的病理学改变。

3. 根据尸体解剖及组织病理学检验，发现被鉴定人王××患有左冠状动脉前降支肌桥；局灶性脑基底动脉及双侧颈内动脉粥样硬化；脑、脾小动脉硬化；局灶性肾小球玻璃样变；局灶性肝脂肪变，但就其程度而言不足以构成死因。

根据尸体解剖及组织病理学检验，发现被鉴定人王××左冠状动脉主干、前降支、旋支及右冠状动脉内膜均可见不同程度的粥样斑块形成，伴不同程度的管腔狭窄。左心室壁、室间隔、右心室壁及前乳头肌局部灶状心肌纤维坏死处可见吞噬细胞及成纤维样细胞增生，伴少量胶原纤维沉积；间质小血管周围可见胶原纤维沉积。上述结果符合冠状动脉粥样硬化性心脏病的病理学改变。

另根据尸体解剖检验，被鉴定人王××左心室后壁外膜及内膜分别可见一处破裂口，二者边缘不光滑并相通，其内心肌层可见出血，局部破裂口内可见小血栓附着；心包腔内还可见约260ml血液（含凝血块），符合心脏破裂及心包腔积血的病理学改变。同时，根据组织病理学检验，发现被鉴定人王××右冠状动脉末段内膜粥样斑块形成，管腔明显狭窄呈Ⅳ级，管腔内可见血栓堵塞；左心室后壁破裂口处及其周围可见灶、片状心肌纤维变性坏死及收缩带形成，伴间质灶、片状出血及广泛性大量中性粒细胞浸润。上述结果表明被鉴定人王××左心室后壁破裂口处及其周围心肌组织呈现急性心肌梗死的病理学改变。再结合现有病历资料可知，被鉴定人王××是在行冠状动脉造影及经皮冠状动脉介入治疗中发生了意识丧失、血压测不出以及中大量心包积液等情况。因此，本例符合因冠状动脉粥样硬化性心脏病急性心肌梗死并在行冠状动脉造影及经皮冠状动脉介入治疗中，发生心脏破裂和心包腔积血，终因急性心力衰竭而死亡。此外，被鉴定人王××肺淤血、水肿所见亦符合急性心力衰竭的继发性病理学改变。余未见其他原发致死性疾病的病理学改变。

五、鉴定意见

被鉴定人王××符合因冠状动脉粥样硬化性心脏病急性心肌梗死并在行冠状动脉造影及经皮冠状动脉介入治疗中，发生心脏破裂和心包腔积血，终因急性心力衰竭而死亡。

由此案例可见，法医病理学检验过程很依赖标准，而分析判断对标准的依赖性不强。

1.3 法医临床学标准目录

表 12-1-3　法医临床鉴定常用标准

序号	常用标准名称与编号
1	《法医临床检验规范》SF/T 0111-2021
2	《人体损伤程度鉴定标准》
3	《劳动能力鉴定 职工工伤与职业病致残等级》GB/T 16180-2014
4	《职工非因工伤残或因病丧失劳动能力程度鉴定标准（试行）》劳社部发〔2002〕8号
5	《道路交通事故受伤人员救治项目评定规范》GA/T 769-2008
6	《道路交通事故受伤人员治疗终结时间》GA/T 1088-2013
7	《人身保险伤残评定标准及代码》JR/T 0083-2013
8	《残疾人残疾分类和分级》GB/T 26341-2010
9	《暂予监外执行规定》司发通〔2014〕112号
10	《人身损害护理依赖程度评定》GB/T 31147-2014
11	《人身损害误工期、护理期、营养期评定规范》GA/T 1193-2014
12	《人体损伤致残程度分级》
13	《法医临床影像学检验实施规范》SF/T 0112-2021
14	《听力障碍的法医学评定》GA/T 914-2010
15	《视觉功能障碍法医临床鉴定技术规范》GB/T 43639-2024（替代原《视觉功能障碍法医学鉴定规范》SF/Z JD0103004-2016及《法庭科学 视觉功能障碍鉴定技术规范》GA/T 1582-2019）
16	《男性性功能障碍法医学鉴定》GB/T 37237-2018（替代原《男性性功能障碍法医学鉴定》GA/T 1188-2014）
17	《性侵害案件法医临床学检查指南》GA/T 1194-2014
18	《法庭科学 人身损害受伤人员后续诊疗项目评定技术规程》GA/T 1555-2019（替代原《人身损害后续诊疗项目评定指南》SF/Z JD0103008-2015）

续表

序号	常用标准名称与编号
19	《法庭科学人体损伤检验照相规范》GA/T 1197-2014
20	《周围神经功能障碍法医临床鉴定技术规范》GB/T 43638-2024（替代原《周围神经损伤鉴定实施规范》SF/Z JD0103005-2014）
21	《外伤性癫痫鉴定实施规范》SF/Z JD0103007-2014
22	《法医学 视觉电生理检查规范》GA/T 1967-2021
23	《男性生育功能障碍法医学鉴定》SF/Z JD0103011-2018
24	《人体前庭、平衡功能检查评定规范》SF/Z JD0103009-2018
25	《嗅觉障碍的法医学评定》SF/Z JD0103012-2018
26	《法医学 关节活动度检验规范》GA/T 1661-2019
27	《人身损害与疾病因果关系判定指南》SF/T 0095-2021
28	《肢体运动功能评定》SF/T 0096-2021
29	《医疗损害司法鉴定指南》SF/T 0097-2021

1.4 法医临床鉴定案例应用（结合法医精神病精神智能检测）

一、基本情况

委托单位：北京市××区人民法院。

委托事项：李××因本次事故受伤造成的伤残等级评定（适用《人体损伤致残程度分级》标准）及赔偿指数；李××的护理期及营养期评定（适用 GA/T 1193-2014）；李××的护理依赖程度评定（适用 GB/T 31147-2014）。

受理日期：2023 年 9 月 12 日。

鉴定材料：北京×××医院 155813 号住院病案复印件 2 册；影像学片 24 张；2023 年 11 月 8 日补充颅脑磁共振血管造影（MRA）影

像学片 1 张。

被鉴定人：李××，男，身份证号码 131082197110××××××。

二、基本案情

据本案民事起诉状记载：2019 年 6 月 22 日，李××受指派去往北京××××资源循环利用科技有限公司的场地修理设备，工作过程中被设备上盖脱落的钢板砸伤。

三、资料摘要

1. 北京××××医院李××第一次住院病案（病案号 155813）摘抄：

入、出院日期：2019 年 6 月 22 日至 7 月 26 日。

主诉：外伤致全身多处出血伴昏迷 4 小时。

现病史：患者同事及家属诉患者缘于入院前 4 小时，在工地工作时被高处坠落的钢板砸伤（具体受伤经过不详），受伤当时呼之不应，头面部、双耳、口鼻可见活动性出血，左前臂可见明显肿胀畸形。无恶心、呕吐，无二便失禁。遂急呼 120 急救人员送至我院急诊……

专科情况：患者昏迷状态，躁动不安，查体不合作。头颅无畸形，顶枕部可见一长 4cm 开放伤口，深达肌层，活动性出血。双眼睑可见浮肿，结膜充血，双侧瞳孔等大同圆，左：右 = 2.5mm：2.5mm，对光反射迟钝。左耳道内可见活动性出血，右耳廓可见一长 2.5cm 离断损伤，创口不规则，活动性出血。颈软，无抵抗。双肺呼吸音粗，未闻及干、湿性啰音，气管插管固定在位可，呼吸机辅助呼吸状态。心率快，约 144 次/分。右锁骨下深静脉置管固定在位可，通畅，无渗出。

诊疗经过：患者入院后完善辅助检查，予以报病重，重症监护，呼吸机辅助呼吸。急诊局麻下行右耳廓、头部开放伤清创缝合术。术后静脉补液、抗炎、消肿止痛、营养脑神经、化痰、止血对症治疗。行气切术，密切监测双侧瞳孔大小变化、呼吸状态。复查头颅CT、肋骨CT，对症治疗。请神经外科、神经内科、骨科会诊，对症治疗。患者目前脑组织水肿，中线向对侧移位，转入神经外科手术治疗。入神外后急诊全麻下行"右侧额颞顶开颅+去骨瓣减压+置管引流术"，手术顺利，术后静脉抗炎、抑酸、减轻脑组织水肿、改善脑细胞代谢药物应用，经治疗患者病情逐渐平稳，患者因"腰1椎体爆骨折，左尺桡骨骨折"转入治疗，患者一般情况欠佳，左尺桡骨骨折、腰1椎体爆裂骨折建议保守治疗，并予以支具固定。

手术时间：2019年6月25日。

手术名称：右侧额颞顶开颅+去骨瓣减压+置管引流术。

手术经过：……右侧额颞顶去除骨瓣约15cm×12cm，硬膜悬吊……

出院情况：患者处于浅昏迷状态，自主睁眼，无法回答问题，双瞳左：右＝2mm：3mm，对光反射迟钝；气管套管固定良好，自主呼吸，双肺呼吸音粗，双肺可闻及湿性啰音。左上肢支具固定良好，左上肢及左下肢无自主及被动活动；右上肢及右下肢有不自主活动。

出院诊断：创伤性脑梗死（额颞顶枕叶，右）；脑疝；胸部闭合性损伤：右侧第12肋骨骨折，双肺挫伤，吸入性肺炎，肺不张；重度颅脑损伤：多发性大脑挫裂伤，脑水肿，颅底多发骨折，右眼眶下壁骨折，左颞骨骨折，腰1椎体爆裂骨折，腰1、2椎体左侧横突骨折，胸12椎体棘突骨折；左尺桡骨骨折；右耳开放性损伤，右耳软骨断裂；头部开放性损伤；高同型半胱氨酸血症；中度贫血；低钾血症；多发软组织损伤伴皮擦伤，急性肝损伤。

出院医嘱：转入康复医院进一步康复治疗；左上支具固定

2—3个月……绝对卧床2—3个月，待病情允许后佩戴支具辅助起或站立；住院期间及出院后一个月需一人陪护；加强功能锻炼及营养支持；1个月后门诊复查，病情有变化及时就诊。

2. 北京×××××医院李××第二次住院病案（病案号155813）摘抄：

入、出院日期：2019年7月29日至12月27日。

主诉：创伤性脑梗死开颅术后意识持续不清1月余。入院情况……神志浅昏迷，格拉斯哥昏迷评分（GCS）7分，左侧腹壁反射迟钝，左上肢外固定，左下肢肌力0级，腱反射亢进，巴氏征（+）；右侧腹部反射灵敏，肌张力适中，腱反射正常，巴氏征（-）。

2019年10月11日左肩关节斜位×线检查报告载……影像诊断：左肩关节可疑半脱位……

出院情况：患者病情好转。

查体：神志清楚，双侧瞳孔径左∶右=3mm∶3mm，对光反射灵敏，双肺呼吸音清，左上肢外固定，左下肢肌力4级，左侧巴氏征（+）；右侧腹部反射灵敏，肌张力适中，腱反射正常，巴氏征（-）。

出院诊断：创伤性脑梗死开颅术后恢复期；脑外伤恢复期；颅骨缺损（额颞顶，右）；左尺桡骨骨折；右侧第12肋骨骨折；腰1椎体爆裂骨折；腰1、2椎体左侧横突骨折；胸12椎体棘突骨折；上呼吸道感染；便秘。

出院医嘱：……全休一月，住院期间需陪护一人；患者于骨科住院时，因患者一般情况欠佳，左尺桡骨骨折、腰1椎体爆裂骨折建议保守治疗，并予以支具固定，定期复查×线了解骨折愈合情况，建议定期骨科复诊，了解骨折后续相关治疗……颅骨缺损者应注意保护缺损区，外出时可戴安全帽；因患者为脑梗死去骨瓣，我科不建议后期修补……

四、鉴定过程

（一）检验方法

接受鉴定委托后，我所鉴定人对送检材料进行了文证审查，采用 SF/T 0111-2021 及法医临床鉴定相关仪器（卷尺/钢直尺、叩诊锤等）对被鉴定人李××进行体格检查；采用《精神障碍者司法鉴定精神检查规范》（SF/Z JD0104001-2011）对其进行精神智能检查；采用 SF/T 0112-2021 对送检影像学资料进行检验。经鉴定人认真分析、讨论，达成一致意见，制作本鉴定文书。

（二）活体检查

被鉴定人李××现伤后4年余来我所接受检查。

自诉及家属代诉目前情况：记忆力下降，能简单交流；左侧肢体活动不利等。

检查所见：乘坐轮椅进入检查室，神清，一般情况可。可独自站立，并在家人扶助下短距离步行，左下肢偏瘫步态。

颈部正中可见 1.5cm×1.5cm 气切瘢痕，右侧额颞顶部可见弧形 19.0cm×0.1cm—0.6cm 头皮瘢痕，局部颅骨缺损、塌陷，范围 12.0cm×9.0cm，右耳廓前可见条状皮肤瘢痕 2.5cm×0.1cm，部分延伸至耳背面，长度 1.5cm×0.1cm。额纹、鼻唇沟尚对称，示齿口角不偏，伸舌居中，眼球各方向运动到位，鼓腮、转颈配合不佳，右侧耸肩力可，左侧耸肩不能完成。右侧肢体肌张力不高，肌力5级，腱反射正常引出，霍夫曼（Hoffmann）征、巴彬斯基（Babinski）征均为阴性。左上肢佩戴支具，左侧肩周肌肉欠饱满，肩关节较对侧松弛，左上肢肌容积较对侧减低，左手内在肌萎缩，手指屈曲内收状，左前臂尺侧可触及骨质畸形愈合，双前臂长度（尺骨鹰嘴至茎突）左 23.0cm，右 24.0cm。左上肢肌张力增高，肌力2级，左下肢肌张力可，近端肌力4+级，远端肌力4级，左侧腱反射活跃，左侧霍夫曼征阴性、巴彬斯基征弱阳性。脊柱尚居中，腰部生理曲度较差，腰1椎体水平左侧可扪及骨性隆起。余常规查体未见明显异常。

（三）精神智能检查

精神状态检查：意识清楚，定向力不完整，接触被动，问话不能答、仅能简单重复问题，反应明显迟钝。问及伤后情况，无法叙述。仅能完成简单指令"摘帽子""举起右手"。询问下无法陈述个人基本情况。记忆、一般常识、简单计算等智力活动严重受损，未见幻觉、妄想等精神病性症状。情感淡漠，眼神呆滞。

智能检查：应用《成人智残评定量表》对李××进行检查，得分13分。目前李××考虑为中度智能减退（偏重）。

（四）阅片记录

2019年6月22日颅脑CT片（×××××，李××，1906224470）示：右侧颌面部及眶周软组织肿胀，右侧上颌骨、蝶骨骨质不连续，累及右侧上颌窦壁、蝶窦后壁，左侧颞骨骨质不连续累及左侧乳突，右侧上颌窦、双侧蝶窦及左侧乳突气房可见液体密度影，颅内多发气体密度影；右侧半球脑沟裂较对侧稍浅，右侧半球脑实质略肿胀，脑实质内未见明显异常密度影，中线结构尚居中，双侧侧脑室形态尚对称。2021年6月27日颅脑CT片（××××医院，李××，0000211768）示：右侧上颌骨、颅底多发骨折修复性改变；右侧额颞顶部开颅去骨瓣减压术后改变，颅骨缺损，右侧额颞顶枕叶可见多发片状低密度软化灶形成，双侧半球脑沟裂增宽，脑室系统扩张以右侧侧脑室为著，中线结构略右移。2023年11月6日颅脑MRA片（×××××，李××，10663023）示：扫描范围内可见右侧颈内动脉未显影，大脑中动脉局部管腔狭窄；右侧后交通动脉开放、向后延伸为大脑后动脉；左侧脑动脉粗细欠规整，未见明显狭窄。

2019年6月22日腰椎CT片（×××××，李××，1906224470）示：右侧第12肋骨骨质不连续，胸12椎体棘突骨质欠规整，腰1、2椎体左侧横突骨质不连续，腰1椎体多发骨质不连续，低密度线影累及椎体前柱、中柱。2021年6月27日腰椎CT片（××××医院，李××，0000211768）示：右侧第12肋骨、胸12椎体棘突及腰1、2椎体左侧横突骨折修复性改变，腰1椎体粉碎性骨折修复改变。

2019年6月22日左前臂×线片（×××××，李××，1906224470）示：左侧尺桡骨中段骨质连续性中断，断端明显移位并略成角。2021年6月27日左前臂×线片（×××医院，李××，094933）示：左侧尺桡骨中段骨折修复改变，断端均可见重叠畸形愈合并短缩。

五、分析说明

被鉴定人李××于2019年6月22日受伤。根据现有鉴定材料，结合我们检查、阅片所见，明确其所受损伤为：多发颅骨骨折（右侧上颌骨、左侧颞骨、蝶骨等）累及右侧上颌窦壁、蝶窦后壁、左侧乳突、颅底骨折并颅内积气、鼻旁窦积液，右侧额颞顶枕叶创伤性脑梗死，脑水肿，脑疝；右侧第12肋骨骨折，肺挫伤；胸12椎体棘突骨折，腰1椎体爆裂性（粉碎性）骨折，腰1、2椎体左侧横突骨折；左肩关节损伤，左侧尺桡骨中段骨折；右耳开放性损伤，右耳软骨断裂，头面部等全身多发软组织损伤。李××住院期间经临床诊断：吸入性肺炎、高同型半胱氨酸血症、低钾血症、急性肝损伤等继发病症。

被鉴定人李××经"右侧额颞顶开颅+去骨瓣减压+置管引流术"及术后等对症、康复治疗，目前其上述伤情基本稳定，具备进行法医学评定的条件。

(一) 关于伤残等级评定

被鉴定人李××伤后2年复查颅脑CT片显示"右侧额颞顶枕叶多发片状低密度软化灶,双侧半球脑沟裂增宽,脑室系统扩张以右侧侧脑室为著,中线结构略右移"等脑组织改变;并遗留中度智能减退(偏重),日常生活能力严重受限,间或需要帮助,以及左侧肢体不完全瘫痪(左下肢肌力4+级,左上肢肌力2级并肌张力增高)等表现。根据《人体损伤致残程度分级》,被鉴定人李××颅脑损伤术后遗留中度智能减退,符合第5.4.1条第1项之规定,伤残等级评定为四级;其左侧肢体不完全瘫痪(其中上肢肌力2级),根据该标准附则第6.1条、附录第A.5条并比照第5.5.1条第6项之规定,伤残等级评定为五级。

被鉴定人李××目前右侧额颞顶部开颅去骨瓣减压术后,颅骨缺损面积大于$25cm^2$,符合《人体损伤致残程度分级》第5.9.2条第2项之规定,伤残等级评定为九级。被鉴定人李××腰1椎体粉碎性骨折,符合《人体损伤致残程度分级》第5.10.6条第2项之规定,伤残等级评定为十级。综合计算,伤残赔偿指数80%。

(二) 关于护理期及营养期评定

被鉴定人李××伤后住院6个月余并行手术治疗,目前遗留中度智能减退、左侧肢体不完全瘫痪等表现。其伤后长时间卧床接受治疗,需增强营养以促进创伤恢复,并在他人看护下进行神经功能康复锻炼,日常生活行动需依赖他人帮助才能完成。根据被鉴定人李××的原始损伤、实际临床经过及其目前恢复情况,参照GA/T 1193-2014第4.6条、第4.7.3条、第4.9条、第5.2.1 b条、第5.4.3条、第7.2条、第7.6.1条、第9.1.1条、第10.2.5 b条及附录第A.2条、第A.6条等条款规定,其伤后护理期考虑以24个月,营养期考虑以8—10个月为宜。具体请结合本案实际发生情况适用。

(三) 关于护理依赖程度评定

根据 GB/T 31147—2014 标准对被鉴定人李××进行评定，其躯体伤残日常生活活动能力项目得分在 41 分以上未达 61 分（总分 100 分）；精神障碍日常生活自理能力项目得分在 61 分以上未达 81 分（总分 120 分）。综合考虑被鉴定人李××上述躯体、精神损害情况，依据该标准第 4.2.2.1 条、第 5.2.2.1 条之规定，被鉴定人李××目前需要部分护理依赖。

六、鉴定意见

1. 根据现有鉴定材料，被鉴定人李××中度智能减退的伤残等级评定为四级；其左侧肢体不完全瘫痪的伤残等级评定为五级；其开颅术后遗留颅骨缺损的伤残等级评定为九级；其腰 1 椎体粉碎性骨折的伤残等级评定为十级。综合计算，伤残赔偿指数 80%。

2. 被鉴定人李××的伤后护理期考虑以 24 个月，营养期考虑以 8—10 个月为宜。具体请结合本案实际发生情况适用。

3. 被鉴定人李××目前需要部分护理依赖。

由此案例可见，法医临床鉴定无论检验过程、分析判断还是鉴定意见的得出，对标准的依赖性都很强。

1.5 法医精神病标准目录

表 12-1-4　法医精神病鉴定常用标准

序号	常用标准名称与编号
1	《精神障碍者司法鉴定精神检查规范》SF/Z JD0104001—2011
2	《精神障碍者刑事责任能力评定指南》SF/Z JD0104002—2016
3	《精神障碍者受审能力评定指南》SF/Z JD0104005—2018

续表

序号	常用标准名称与编号
4	《精神障碍者服刑能力评定指南》SF/Z JD0104003-2016
5	《精神障碍者民事行为能力评定指南》SF/Z JD0104004-2018
6	《精神障碍者性自我防卫能力评定指南》SF/T 0071-2020
7	《精神障碍者诉讼能力评定》SF/T 0101-2021
8	《中国精神障碍分类与诊断标准 第3版》

1.6 法医精神病案例应用

一、基本情况

委托单位：北京市××区人民法院。

委托日期：2023年×月××日。

鉴定事项：王××的民事行为能力。

受理日期：2023年×月××日。

鉴定材料：1. 北京清华长庚医院病历复印件2页；2. 河北燕达医院诊断证明书复印件1页；3. 燕达金色年华健康养护中心证明复印件1页；4. 鉴定会谈记录。

检查日期：2023年××月×日。

检查地点：法大法庭科学技术鉴定研究所。

在场人员：王×（王××儿子）。

被鉴定人：王××，男，身份证号110107194112××××××。

二、基本案情

北京市××区人民法院在审理申请王×宣告王××无民事行为能力一案中，因办案需要，要求对王××的民事行为能力进行鉴定。我所接受委托后，按照相关法律法规及技术规范的要求，鉴定人认真审阅了委托单位提供的材料，调查了有关情况，并对被鉴定人进行了精神状况检查。经过分析、讨论后,提出以下鉴定意见。

三、资料摘要[1]

河北燕达医院×××诊断证明书(病案号:B103980756)载:

时间:2022年2月23日。临床症状:运动迟缓、肌强直、翻身困难、慌张步态、记忆力进行性下降伴小便失禁、幻觉、生活不能自理。临床诊断:1. 阿尔茨海默病;2. 帕金森病;3. 体位性低血压;4. 重度骨质疏松;5. 便秘。

北京清华长庚医院×××诊断证明书(病案号:10516140)载:

入院时间:2023年7月24日。出院时间:2023年7月31日。出院诊断:1. 帕金森病(Hoehn-Yahr分期5期),帕金森病性痴呆(震颤麻痹性痴呆),快速眼动睡眠行为障碍,体位性低血压;2. 右侧大脑后动脉P2段轻-中度狭窄……

燕达金色年华健康养护中心证明载:

王××自2019年××月××日以来一直居住在三河市燕达金色年华健康养护中心××号楼××房间。王××目前已完全无法生活自理,需要由护理员照料,其身体状况为:1. 阿尔茨海默病、帕金森病,现肌强直、翻身困难、慌张步态、记忆力进行性下降伴尿失禁、生活不能自理,已给予五级养老照护;2. 高龄伴严重体位性低血压,心脑血管意外风险高危,密切监测血压、心率;3. 肌强直、慌张步态、重度骨质疏松,跌倒坠床风险、骨折风险高危;4. 认知障碍、幻觉。

据王×(王××儿子)反映:王××于2015年被诊断为帕金森病。半年前发现他出现智能障碍,有时认不出家人,不认识字,出现幻觉,说能看见不存在的人,无法与人正常交流。为处理相关民事事务,要求宣告他无民事行为能力。

---

[1] 本鉴定文书涉及的资料摘抄,均以原始资料记载为准。

四、鉴定过程

本案鉴定人按照 SF/Z JD0104001-2011，于 2023 年 8 月 2 日在本所对被鉴定人王××进行法医精神病学检查，精神医学诊断依据《中国精神障碍分类与诊断标准 第 3 版)》，民事行为能力评定参照 SF/Z JD0104004-2018。

被鉴定人王××由家人用轮椅推入检查室。

王××神清，年貌相符，仪表整齐，接触被动，多问少答。定向力差：可说出自己名字，不知道自己年龄、属相，将儿子认成是哥哥，称同来的护工是"同事"，不知道检查者身份。智能活动明显差：不知道 1 年有多少天。表情呆滞。

五、分析说明

（一）精神医学诊断

据被鉴定人王××家属反映，他于 2015 年被诊断为帕金森病，半年前出现智能障碍等精神异常表现。据王××病历记载，其曾被诊断为帕金森病、阿尔茨海默病。目前其表现为认不出家人、不认识字、看见不存在的人等，无法正常交流，生活需人照顾。

本次鉴定精神检查：被鉴定人神清，定向力差，智能活动差，表情呆滞。综合分析，按照《中国精神障碍分类与诊断标准 第 3 版》，被鉴定人王××诊断为器质性精神障碍。目前为痴呆状态（重度）。

（二）民事行为能力评定

受所患疾病的影响，被鉴定人王××不能理解一般民事行为的性质、后果和意义，不能保护自己的合法权利，也无法承担相应的民事义务，按照 SF/Z JD0104004-2018，评定为无民事行为能力。

六、鉴定意见

被鉴定人王××诊断为器质性精神障碍，目前为痴呆状态（重度）。评定为无民事行为能力。

由此案例可见，法医精神病鉴定意见的得出，对标准的依赖性很强。

1.7 法医物证标准目录

表12-1-5　法医物证鉴定常用标准

序号	司法行政行业标准与编号
1	《法医物证鉴定实验室管理规范》SF/T 0069-2020
2	《染色体遗传标记高通量测序与法医学应用规范》SF/T 0070-2020
3	《个体识别技术规范》SF/Z JD0105012-2018
4	《法医学STR基因座命名规范》SF/Z JD0105011-2018
5	《常染色体STR基因座的法医学参数计算规范》SF/Z JD0105010-2018
6	《法医SNP分型与应用规范》SF/Z JD0105003-2015
7	《法医物证鉴定X-STR检验规范》SF/Z JD0105006-2018
8	《法医物证鉴定Y-STR检验规范》SF/Z JD0105007-2018
9	《法医物证鉴定线粒体DNA检验规范》SF/Z JD0105008-2018
10	《法医物证鉴定标准品DNA使用与管理规范》SF/Z JD0105009-2018
11	《亲子鉴定文书规范》SF/Z JD0105004-2015
12	《生物学全同胞关系鉴定技术规范》SF/T 0117-2021（代替：《生物学全同胞关系鉴定实施规范》SF/Z JD0105002-2014）
13	《生物学祖孙关系鉴定规范》SF/Z JD0105005-2015
序号	国家标准与编号
1	《亲权鉴定技术规范》GB/T 37223-2018
2	《法庭科学DNA鉴定文书内容及格式》GB/T 41021-2021
3	《生物学全同胞关系鉴定技术规范》GB/T 43641-2024
4	《法医学个体识别技术规范》GB/T 43642-2024

续表

序号	国家标准与编号
5	《法庭科学 DNA 实验室建设规范》GB/T 43633-2024
6	《法庭科学 DNA 实验室检验规范》GB/T 43635-2024
7	《法庭科学 DNA 二代测序检验规范》GB/T 43636-2024
8	《法庭科学 DNA 数据库建设规范》GB/T 21679-2008
序号	公共安全行业标准与编号
1	《法庭科学人类荧光标记 STR 复合扩增检测试剂质量基本要求》GA/T 815-2009
2	《法庭科学 DNA 实验室检验规范》GA/T 383-2014
3	《法庭科学 DNA 磁珠纯化试剂质量基本要求》GA/T 1379-2018
4	《法庭科学 DNA 检验鉴定文书内容及格式》GA/T 1161-2014
5	《法庭科学 DNA 亲子鉴定规范》GA/T 965-2011
6	《法庭科学 DNA 实验室建设规范》GA/T 382-2014
7	《法庭科学 DNA 数据库建设规范》GA/T 418-2003
8	《法庭科学 DNA 实验室质量控制规范》GA/T 1704-2019
9	《法庭科学 DNA 数据库人员样本采集规范》GA/T 1380-2018
10	《法庭科学 STR 已知分型参照物质技术要求》GA/T 1378-2018
11	《法庭科学 复合 SNPs 检验族群推断方法》GA/T 1377-2018
12	《法庭科学 犬 DNA 实验室检验规范》GA/T 1703-2019
13	《法庭科学 生物样本自动分拣方法》GA/T 1705-2019
14	《法庭科学 生物样本自动分拣设备通用技术要求》GA/T 1706-2019
15	《法医生物检材的提取、保存、送检规范》GA/T 1162-2014
16	《法医学物证检材的提取、保存与送检》GA/T 169-1997

续表

序号	公共安全行业标准与编号
17	《抗 A、抗 B 血清试剂》GA 471-2004
18	《抗猪、羊等常见动物血清试剂》GA 474-2004
19	《抗人精液血清试剂》GA 473-2004
20	《抗人血红蛋白血清试剂》GA 472-2004
21	《抗人血清试剂》GA 475-2004
22	《人精液 PSA 检测金标试剂条法》GA/T 766-2020
23	《人类 DNA 荧光标记 STR 分型结果的分析及应用》GA/T 1163-2014
24	《人毛发 ABO 血型检测解离法》GA 655-2006
25	《人体液斑 ABO 血型检测 凝集抑制试验》GA 657-2006
26	《人血红蛋白检测 金标试剂条法》GA/T 765-2020
27	《人血液（痕）ABO 血型检测 凝集法、解离法》GA 656-2006

1.8 法医物证现行有效（涉认证认可）常用标准目录

表 12-1-6　法医物证现行有效（涉认证认可）常用标准

序号	鉴定标准名称及编号
1	《法庭科学 DNA 实验室建设规范》GA/T 382-2014
2	《法医生物检材的提取、保存、送检规范》GA/T 1162-2014
3	《法庭科学人类荧光标记 STR 复合扩增检测试剂质量基本要求》GB/T 37226-2018
4	《法庭科学 DNA 实验室检验规范》GA/T 383-2014
5	《人血红蛋白检测 金标试剂条法》GA/T 765-2020
6	《人精液 PSA 检测 金标试剂条法》GA/T 766-2020
7	《法医物证鉴定 X-STR 检验规范》SF/Z JD0105006-2018

续表

序号	鉴定标准名称及编号
8	《法医物证鉴定 Y-STR 检验规范》SF/Z JD0105007-2018
9	《人类DNA荧光标记STR分型结果的分析及应用》GA/T 1163-2014
10	《个体识别技术规范》SF/Z JD0105012-2018
11	《亲权鉴定技术规范》GB/T 37223-2018
12	《法庭科学DNA亲子鉴定规范》GA/T 965-2011
13	《生物学全同胞关系鉴定技术规范》SF/T 0117-2021
14	《生物学祖孙关系鉴定规范》SF/Z JD0105005-2015
15	《亲子鉴定文书规范》SF/Z JD0105004-2015
16	《法庭科学DNA检验鉴定文书内容及格式》GA/T 1161-2014
17	《法庭科学DNA实验室质量控制规范》GA/T 1704-2019
18	《法医物证鉴定实验室管理规范》SF/T 0069-2020
19	《法医学STR基因座命名规范》SF/Z JD0105011-2018
20	《法医物证鉴定线粒体DNA检验规范》SF/Z JD0105008-2018

1.9 法医物证鉴定案例应用

一、基本情况

委托人：被检父、孩子生母。

鉴定事项：被检父是否为孩子的生物学父亲。

受理日期：2022年×月××日。

被检验人：被检父，男，××年×月×日出生，×族，籍贯××，住××省××市××区××号，身份证号码略。

孩子生母，女，××年×月×日出生，×族，籍贯××，住址同上，身份证号码略。

孩子，女，××年×月×日出生，住址同上，身份证号码略。

样本采集：鉴定受理当日在我所门诊采取孩子生母、孩子和被检父的外周血，吸附在血样专用采集卡上，分别标记为"2022-CNAS006-Ⅰ""2022-CNAS006-Ⅱ""2022-CNAS006-Ⅲ"。

二、检案摘要

被检父和孩子生母称，为给孩子办理户口手续，需要亲子关系的证明材料，故被检父和孩子生母委托我所，要求对被检父是否为孩子的生物学父亲进行鉴定。

检验过程及结果如下。

检验按照 GA/T 383-2014 中的方法进行。样本经 Chelex-100 处理，采用 GSTARTM 25、GSTARTM 22 Plus、PowerPlex ⓒ Fusion System 试剂扩增模板 DNA，扩增产物经 Applied Biosystems 3500 遗传分析仪检测、GeneMapper ⓒ ID-X v1.6 软件分析，检测各基因座的基因型。

检验结果显示，阳性对照分型正确，阴性对照未检见特异性峰，各样本分型如下：

表 12-1-7

遗传标记	孩子生母	孩子	被检父	亲权指数
Amel	X	X	X, Y	-
D6S1043	17	17, 18	18, 21	2.9087
TH01	7, 10	9.3, 10	7, 9.3	15.3374
D21S11	28, 30.2	29, 30.2	29, 30	1.9448
D7S820	11	11, 13	11, 13	14.2450
CSF1PO	12, 13	12	10, 12	1.3565
FGA	18, 22	18, 24	24	5.2798
Yindel	-	-	1	-

续表

遗传标记	孩子生母	孩子	被检父	亲权指数
D19S433	14,16.2	13,16.2	13,14	2.1617
vWA	17	17,19	18,19	5.2743
D8S1179	11,14	10,14	10,15	4.7438
D16S539	9	9	9,12	1.7606
Penta E	11,13	11,21	13,21	17.5439
D22S1045	15,16	15,16	15,16	2.5880
D1S1656	15,16	15,16	15,17.3	1.0165
D12S391	17,18	18,20	19,20	2.5947
D18S51	14,18	14,16	17,20	0.0038
D13S317	8,11	8,11	8	1.9077
D2S1338	17,23	18,23	18,22	3.4771
D2S441	11,12	11	11,14	1.4646
D3S1358	17,19	15,17	15,17	1.4480
D5S818	11,13	13	9,13	3.5186
D10S1248	15	15,16	16	10.3199
Penta D	13,14	9,13	9,11	1.3710
TPOX	8	8,11	8,11	1.6739
D6S477	14,15	10,14	10,15	48.5437
D18S535	12,13	9,12	9	5.3821
D19S253	11,13	9,13	9	454.5455
D15S659	13,18	13,18	13	7.7821
D11S2368	17,21	17,20	20,21	2.5510
D20S470	12,16	16,18	10,18	14.4509

续表

遗传标记	孩子生母	孩子	被检父	亲权指数
D22-GATA198B05	17，18	17，21	16，21	1.7065
D7S3048	23	23，24	21，24	3.1969
D8S1132	20，22	19，22	19，21	2.3397
D4S2366	14	13，14	11，13	5.2632
D21S1270	13，14	14	11，14	1.9826
D13S325	18，20	20	20	3.7722
D9S925	14，15	15，16	16，18	1.7088
D3S3045	9，15	15	13，15	9.4518
D14S608	10	10，11	11	5.2383
D10S1435	13	12，13	11，12	1.3196
D3S1744	17，18	14，18	14，17	5.5617
D7S1517	21，25	22，25	21，22	3.4317
D17S1290	14，18	17，18	17	5.9207
D5S2500	11，12	11，12	11，15	1.1636
DYS391	–	–	10	

三、分析说明

本次鉴定使用 43 个常染色体 STR 遗传标记的检验结果进行分析，采用本次能力验证所提供的群体调查数据进行统计学计算，检测体系的三联体累积非父排除概率为 $1-3.0547\times10^{-19}$，可以满足三联体亲子鉴定对检测体系的要求。

常染色体 STR 的遗传遵循孟德尔遗传定律，父、母亲会将其每个基因座上的一对等位基因中的一个随机遗传给其孩子；孩子每个基因座上的一对等位基因，一个来自生父，一个来自生母。

分析上述检验结果,在每一个常染色体 STR 基因座上,孩子生母与孩子的分型表现均符合遗传规律;在 D18S51 基因座上,孩子的等位基因"16"不能从被检父的基因型"17,20"中找到来源,孩子与被检父在其他 42 个常染色体 STR 基因座上的分型表现符合孟德尔遗传定律,考虑在 D18S51 基因座上可能发生了基因突变。按照 GB/T 37223-2018 中亲权指数的计算方法和亲子关系判定规则,计算上述 43 个常染色体 STR 基因座的累计亲权指数为 1.1299×10^{23},该检验结果支持被检父是孩子的生物学父亲,不支持其他随机个体是孩子的生物学父亲。

四、鉴定意见

依据现有资料和 DNA 分析结果,支持被检父是孩子的生物学父亲。

由此类鉴定标准体量及本案例可见,法医 DNA 鉴定,从程序到操作,再到鉴定意见的得出,对标准的依赖性都很强。

第二节 毒物类鉴定标准的具体应用

2.1 法医毒物鉴定标准目录

表 12-2-1　法医毒物鉴定常用标准

序号	国家标准与编号
1	《疑似毒品中海洛因的气相色谱、气相色谱-质谱检验方法》GB/T 29635-2013
2	《疑似毒品中甲基苯丙胺的气相色谱、高效液相色谱和气相色谱-质谱检验方法》GB/T 29636-2013

续表

序号	国家标准与编号
3	《疑似毒品中氯胺酮的气相色谱、气相色谱-质谱检验方法》GB/T 29637-2013
4	《尿液中 $\triangle^9$-四氢大麻酸的测定 液相色谱-串联质谱法》GB/T 37272-2018
5	《疑似毒品中可卡因检验 气相色谱和气相色谱-质谱法》GB/T 39876-2021
6	《疑似毒品中鸦片五种成分检验 气相色谱和气相色谱-质谱法》GB/T 39879-2021
7	《疑似毒品中美沙酮检验 气相色谱和气相色谱-质谱法》GB/T 39880-2021
8	《疑似毒品中安眠酮检验 气相色谱和气相色谱-质谱法》GB/T 39881-2021
9	《疑似毒品中二亚甲基双氧安非他明检验 气相色谱和气相色谱-质谱法》GB/T 39882-2021
10	《疑似毒品中吗啡检验 气相色谱和气相色谱-质谱法》GB/T 39883-2021
11	《疑似毒品中大麻三种成分检验 气相色谱和气相色谱-质谱法》GB/T 39884-2021
12	《血液、尿液中乙醇、甲醇、正丙醇、丙酮、异丙醇和正丁醇检验》GB/T 42430-2023
13	《法庭科学 毒物分析实验室质量控制规范》GB/T 43449-2023
序号	司法行政行业标准与编号
1	《法医毒物分析方法验证通则》SF/T 0063-2020
2	《血液中188种毒（药）物的气相色谱-高分辨质谱检验方法》SF/T 0064-2020
3	《毛发中二甲基色胺等16种色胺类新精神活性物质及其代谢物的液相色谱-串联质谱检验方法》SF/T 0065-2020
4	《生物检材中芬太尼等31种芬太尼类新精神活性物质及其代谢物的液相色谱-串联质谱检验方法》SF/T 0066-2020

续表

序号	司法行政行业标准与编号
5	《血液中氰化物的气相色谱-质谱和气相色谱检验方法》SF/T 0113-2021（代替《血液中氰化物的测定 气相色谱法》SF/Z JD0107002-2010）
6	《血液、尿液中毒鼠强的测定 气相色谱法》SF/Z JD0107003-2010
7	《血液中碳氧血红蛋白饱和度的测定 分光光度法》SF/Z JD0107010-2011
8	《法医毒物有机质谱定性分析通则》SF/Z JD0107019-2018
9	《血液中铬、镉、砷、铊和铅的测定 电感耦合等离子体质谱法》SF/Z JD0107012-2011
10	《气相色谱-质谱联用法测定 硫化氢中毒血液中的硫化物实施规范》SF/Z JD0107013-2014
11	《血液中45种有毒生物碱的液相色谱-串联质谱检验方法》SF/T 0115-2021（代替《血液中45种有毒生物碱成分的液相色谱-串联质谱检验方法》SF/Z JD0107015-2015）
12	《血液中溴敌隆等13种抗凝血类杀鼠药的液相色谱-串联质谱检验方法》SF/Z JD0107018-2018
13	《血液中磷化氢及其代谢物的顶空气相色谱-质谱检验方法》SF/Z JD0107020-2018
14	《血液、尿液中238种毒（药）物的检测液相色谱-串联质谱法》SF/Z JD0107005-2016
15	《血液和尿液中108种毒（药）物的气相色谱-质谱检验方法》SF/Z JD0107014-2015
16	《尿液、毛发中S（+）-甲基苯丙胺、R（-）-甲基苯丙胺、S（+）-苯丙胺和R（-）-苯丙胺的液相色谱-串联质谱检验方法》SF/Z JD0107024-2018
17	《毛发中15种毒品及代谢物的液相色谱-串联质谱检验方法》SF/Z JD0107025-2018
18	《毛发中可卡因及其代谢物苯甲酰爱康宁的液相色谱-串联质谱检验方法》SF/Z JD0107016-2015

续表

序号	司法行政行业标准与编号
19	《毛发中△⁹-四氢大麻酚、大麻二酚、大麻酚的液相色谱-串联质谱检验方法》SF/Z JD0107022-2018
20	《生物检材中 32 种元素的测定 电感耦合等离子体质谱法》SF/Z JD0107017-2015
21	《血液、尿液中苯丙胺类兴奋剂、哌替啶和氯胺酮的检验方法》SF/T 0116-2021（代替《生物检材中苯丙胺类兴奋剂、哌替啶和氯胺酮的测定》SF/Z JD0107004-2016）
22	《生物检材中吗啡、O6-单乙酰吗啡和可待因的检验方法》SF/T 0114-2021（代替《生物检材中单乙酰吗啡、吗啡、可待因的测定》SF/Z JD0107006-2010）
23	《生物检材中巴比妥类药物的测定 液相色谱-串联质谱法》SF/Z JD0107008-2010
24	《生物检材中乌头碱、新乌头碱和次乌头碱的测定 液相色谱-串联质谱法》SF/Z JD0107009-2010
25	《生物检材中河豚毒素的测定 液相色谱-串联质谱法》SF/Z JD0107011-2011
26	《生物检材中钩吻素子、钩吻素甲和钩吻素己的液相色谱-串联质谱检验方法》SF/Z JD0107021-2018
27	《生物检材中雷公藤甲素和雷公藤酯甲的液相色谱-串联质谱检验方法》SF/Z JD0107023-2018
28	《血液中扑草净等 20 种除草剂的液相色谱-串联质谱检验方法》SF/T 0092-2021
29	《血液中卡西酮等 37 种卡西酮类新精神活性物质及其代谢物的液相色谱-串联质谱检验方法》SF/T 0093-2021
30	《毛发中 5F-MDMB-PICA 等 7 种合成大麻素类新精神活性物质的液相色谱-串联质谱检验方法》SF/T 0094-2021

续表

序号	公共安全行业标准与编号
1	《常见毒品的气相色谱、气相色谱-质谱检验方法 第7部分：安眠酮》GA/T 1008.7-2013
2	《常见毒品的气相色谱、气相色谱-质谱检验方法 第3部分：大麻中三种成分》GA/T 1008.3-2013
3	《常见毒品的气相色谱、气相色谱-质谱检验方法 第5部分：二亚甲基双氧安非他明》GA/T 1008.5-2013
4	《常见毒品的气相色谱、气相色谱-质谱检验方法 第2部分：吗啡》GA/T1008.2-2013
5	《常见毒品的气相色谱、气相色谱-质谱检验方法 第8部分：三唑仑》GA/T 1008.8-2013
6	《常见毒品的气相色谱、气相色谱-质谱检验方法 第9部分：艾司唑仑》GA/T 1008.9-2013
7	《常见毒品的气相色谱、气相色谱-质谱检验方法 第10部分：地西泮》GA/T 1008.10-2013
8	《常见毒品的气相色谱、气相色谱-质谱检验方法 第12部分：氯氮卓》GA/T 1008.12-2013
9	《常见毒品的气相色谱、气相色谱-质谱检验方法 第1部分：鸦片中五种成分》GA/T 1008.1-2013
10	《常见毒品的气相色谱、气相色谱-质谱检验方法 第4部分：可卡因》GA/T 1008.4-2013
11	《常见毒品的气相色谱、气相色谱-质谱检验方法 第11部分：溴西泮》GA/T 1008.11-2013
12	《常见毒品的气相色谱、气相色谱-质谱检验方法 第6部分：美沙酮》GA/T 1008.6-2013

续表

序号	公共安全行业标准与编号
13	《中毒检材中敌敌畏、敌百虫的定性及定量分析方法》GA/T 187-1998
14	《毒物分析名词术语》GA/T 122-1995
15	《法庭科学 230 种药（毒）物液相色谱-串联质谱筛查方法》GA/T 1530-2018
16	《法庭科学生物体液中哌替啶及其代谢物气相色谱和气相色谱-质谱检验方法》GA/T 1321-2016
17	《法庭科学血液、尿液中氟离子气相色谱-质谱检验方法》GA/T 1320-2016
18	《法庭科学 生物检材中地西泮及其代谢物检验 液相色谱和液相色谱-质谱法》GA/T 1602-2019
19	《法庭科学 吸毒人员尿液中吗啡和单乙酰吗啡气相色谱和气相色谱-质谱检验方法》GA/T 1318-2016
20	《法庭科学 生物检材中芬太尼检验 液相色谱-质谱法》GA/T 1601-2019
21	《法庭科学 生物检材中磷化氢检验 顶空气相色谱和顶空气相色谱-质谱法》GA/T 208-2019
22	《法庭科学 生物检材中扑尔敏检验 气相色谱和气相色谱-质谱法》GA/T 1620-2019
23	《法庭科学 生物检材中噻嗪酮检验 气相色谱-质谱和液相色谱-质谱法》GA/T 1621-2019
24	《法庭科学 生物检材中河豚毒素检验 液相色谱-质谱法》GA/T 1608-2019
25	《法庭科学 毒物检验方法确认规范》GA/T 1649-2019
26	《法庭科学 毛发、血液中苯丙胺等四种苯丙胺类毒品检验 气相色谱和气相色谱-质谱法》GA/T 1634-2019

续表

序号	公共安全行业标准与编号
27	《法庭科学 毛发、血液中四氢大麻酚和四氢大麻酸检验 气相色谱-质谱法》GA/T 1636-2019
28	《法庭科学 毛发、血液中吗啡和单乙酰吗啡检验 气相色谱-质谱法》GA/T 1635-2019
29	《法庭科学 尿液中地西泮等四种苯骈二氮杂䓬类药物及其代谢物检验 气相色谱-质谱法》GA/T 1638-2019
30	《法庭科学 涉嫌吸毒人员尿液采集操作规范》GA/T 1586-2019
31	《法庭科学 生物检材中2,4-D等四种苯氧羧酸类除草剂检验 气相色谱和气相色谱-质谱法》GA/T 1627-2019
32	《法庭科学 生物检材中斑蝥素检验 气相色谱-质谱和液相色谱-质谱法》GA/T 121-2019
33	《法庭科学 生物检材中草甘膦检验 离子色谱-质谱法》GA/T 1628-2019
34	《法庭科学 生物检材中地芬尼多检验 气相色谱和气相色谱-质谱法》GA/T 1603-2019
35	《法庭科学 生物检材中地西泮等23种药物检验 快速溶剂萃取气相色谱-质谱法》GA/T 1604-2019
36	《法庭科学 生物检材中丁丙诺啡检验 液相色谱-质谱法》GA/T 1605-2019
37	《法庭科学 生物检材中毒死蜱等五种有机磷农药检验 快速溶剂萃取气相色谱和气相色谱-质谱法》GA/T 1606-2019
38	《法庭科学 生物检材中海洛因代谢物检验 液相色谱-质谱法》GA/T 1607-2019

续表

序号	公共安全行业标准与编号
39	《法庭科学 生物检材中红霉素和罗红霉素检验 液相色谱-质谱法》GA/T 1610—2019
40	《法庭科学 生物检材中甲氰菊酯等五种拟除虫菊酯类农药及其代谢物检验 液相色谱-质谱法》GA/T 1611—2019
41	《法庭科学 生物检材中甲氰菊酯等五种拟除虫菊酯类农药检验 气相色谱-质谱法》GA/T 103—2019
42	《法庭科学 生物检材中乐果等八种有机磷类农药检验 气相色谱和气相色谱-质谱法》GA/T 1612—2019
43	《法庭科学 生物检材中利多卡因、罗哌卡因和布比卡因检验 气相色谱和气相色谱-质谱和液相色谱-质谱法》GA/T 1613—2019
44	《法庭科学 生物检材中林可霉素检验 液相色谱-质谱法》GA/T 1609—2019
45	《法庭科学 生物检材中氯胺酮检验 气相色谱和气相色谱-质谱法》GA/T 1614—2019
46	《法庭科学 生物检材中氯氮平检验 气相色谱和气相色谱-质谱法》GA/T 1615—2019
47	《法庭科学 生物检材中氯霉素检验 液相色谱和液相色谱-质谱法》GA/T 1616—2019
48	《法庭科学 生物检材中马钱子碱和士的宁检验 液相色谱和液相色谱-质谱法》GA/T 1617—2019
49	《法庭科学 生物检材中美沙酮检验 液相色谱-质谱法》GA/T 1618—2019
50	《法庭科学 生物检材中灭多威和灭多威肟检验 气相色谱-质谱和液相色谱-质谱法》GA/T 1619—2019
51	《法庭科学 生物检材中沙蚕毒素、杀虫双、杀虫环和杀螟丹检验 气相色谱、气相色谱-质谱和液相色谱-质谱法》GA/T 1622—2019

续表

序号	公共安全行业标准与编号
52	《法庭科学 生物检材中涕灭威检验 气相色谱-质谱和液相色谱-质谱法》GA/T 1623-2019
53	《法庭科学 生物检材中西玛津和莠去津检验 气相色谱-质谱法》GA/T 1625-2019
54	《法庭科学 生物检材中佐匹克隆和右佐匹克隆检验 液相色谱-质谱法》GA/T 1626-2019
55	《法庭科学 唾液中苯丙胺等四种苯丙胺类毒品和氯胺酮检验 液相色谱-质谱法》GA/T 1639-2019
56	《法庭科学 唾液中吗啡和O^6-单乙酰吗啡检验 液相色谱-质谱法》GA/T 1640-2019
57	《法庭科学 血液、尿液中百草枯检验 气相色谱和气相色谱-质谱法》GA/T 1629-2019
58	《法庭科学 血液、尿液中苯、甲苯、乙苯和二甲苯检验 顶空气相色谱法》GA/T 204-2019
59	《法庭科学 血液、尿液中米氮平和氟西汀检验 气相色谱和气相色谱-质谱法》GA/T 1631-2019
60	《法庭科学 血液、尿液中缩节胺和矮壮素检验 液相色谱-质谱法》GA/T 1632-2019
61	《法庭科学 血液、尿液中乙基葡萄糖醛酸苷检验 气相色谱-质谱和液相色谱-质谱法》GA/T 1633-2019
62	《法庭科学 血液中甲磺隆等四种磺酰脲类除草剂检验 液相色谱和液相色谱-质谱法》GA/T 1637-2019
63	《法庭科学 疑似毒品中苯丙胺和替苯丙胺检验 气相色谱和气相色谱-质谱法》GA/T 1641-2019
64	《法庭科学 疑似毒品中大麻检验 液相色谱和液相色谱-质谱法》GA/T 1642-2019

续表

序号	公共安全行业标准与编号
65	《法庭科学 疑似毒品中二亚甲基双氧安非他明检验 液相色谱和液相色谱-质谱法》GA/T 1643-2019
66	《法庭科学 疑似毒品中甲卡西酮、卡西酮和4-甲基甲卡西酮检验 液相色谱-质谱法》GA/T 1644-2019
67	《法庭科学 疑似毒品中可卡因检验 液相色谱和液相色谱-质谱法》GA/T 1645-2019
68	《法庭科学 疑似毒品中美沙酮检验 液相色谱和液相色谱-质谱法》GA/T 1646-2019
69	《法庭科学 疑似毒品中溴西泮等五种苯骈二氮杂䓬类毒品检验 液相色谱和液相色谱-质谱法》GA/T 1647-2019
70	《法庭科学 疑似毒品中鸦片检验 液相色谱和液相色谱-质谱法》GA/T 1648-2019
71	《法庭科学 血液、尿液中铬等五种元素检验 电感耦合等离子体质谱法》GA/T 1630-2019
72	《法庭科学 生物检材中五氟利多检验 液相色谱-质谱法》GA/T 1624-2019
73	《法庭科学毛发、血液中氯胺酮气相色谱和气相色谱-质谱检验方法》GA/T 1316-2016
74	《法庭科学生物检材中卡马西平气相色谱和气相色谱-质谱检验方法》GA/T 1328-2016
75	《法庭科学生物检材中唑吡坦气相色谱、气相色谱-质谱和液相色谱-串联质谱检验方法》GA/T 1327-2016
76	《法庭科学吸毒人员尿液中苯丙胺等四种苯丙胺类毒品气相色谱和气相色谱-质谱检验方法》GA/T 1319-2016
77	《法庭科学吸毒人员尿液中氯胺酮气相色谱和气相色谱-质谱检验方法》GA/T 1329-2016

续表

序号	公共安全行业标准与编号
78	《法庭科学吸毒人员尿液中四氢大麻酚和四氢大麻酸气相色谱-质谱检验方法》GA/T 1330-2016
79	《法庭科学血液中阿维菌素 B1a 液相色谱-串联质谱检验方法》GA/T 1331-2016
80	《法庭科学血液中地西泮等十种苯骈二氮杂草类药物气相色谱-质谱检验方法》GA/T 1322-2016
81	《法庭科学血液中甲草胺等五种酰胺类除草剂气相色谱-质谱检验方法》GA/T 1332-2016
82	《生物检材中地芬诺酯检验 液相色谱-质谱法》GA/T 1535-2018
83	《生物样品血液、尿液中乙醇、甲醇、正丙醇、乙醛、丙酮、异丙醇和正丁醇的顶空-气相色谱检验方法》GA/T 1073-2013
84	《生物样品中次乌头碱、乌头碱、中乌头碱的液相色谱-串联质谱检验方法》GA/T 934-2011
85	《生物样品中敌鼠等六种抗凝血杀鼠剂的高效液相色谱检验方法》GA/T 932-2011
86	《生物样品中氟乙酸根离子的气相色谱和气相色谱-质谱联用检验方法》GA/T 933-2011
87	《生物样品中 γ-羟基丁酸的气相色谱-质谱和液相色谱-串联质谱检验方法》GA/T 1074-2013
88	《生物样品中氰离子的气相色谱法和化学检验方法》GA/T 930-2011
89	《疑似毒品中苯丙胺等五种苯丙胺类毒品检验 毛细管电泳、傅立叶变换红外光谱法》GA/T 1518-2018
90	《中毒检材中静松灵的定性定量分析方法》GA/T 597-2006
91	《中毒案件采取检材规则》GA/T 193-1998

续表

序号	公共安全行业标准与编号
92	《中毒案件检材包装、贮存、运送及送检规则》GA/T 194-1998
93	《中毒案件检材中可卡因及其主要代谢物苯甲酰爱冈宁的 HPLC 和 GC 定性及定量分析方法》GA/T 207-1999
94	《中毒案件检材中磷胺、久效磷的定性及定量分析方法》GA/T 203-1999
95	《中毒检材中阿米替林、多虑平、三甲丙咪嗪、氯丙咪嗪、丙咪嗪的定性及定量分析方法》GA/T 199-1998
96	《中毒检材中巴比妥类药物的定性定量分析方法》GA/T 102-1995
97	《中毒检材中苯唑卡因、利多卡因、普鲁卡因、丁卡因、布比卡因的 GC/NPD 定性定量分析方法》GA/T 190-1998
98	《中毒检材中氯丙嗪、异丙嗪、奋乃静的定性及定量分析方法》GA/T 189-1998
99	《中毒检材中氯喹的定性及定量分析方法》GA/T 198-1998
100	《中毒检材中士的宁、马钱子生物碱的定性及定量分析方法》GA/T 200-1998

2.2 毒物类鉴定案例应用

案例一（酒精检测）

一、基本情况

委托人：××××市公安局交通管理大队。

委托日期：2023 年××月××日。

鉴定材料：标注为"宝×"的血液样品，约 2mL，保存于抗凝采血管中，本所编号为 2023××39JC1。

委托事项：对 2023××39JC1 进行血液中乙醇成分的定量分析。

二、基本案情

摘自委托书：2023 年××月××日 21 时 02 分，宝×驾驶蒙××Y793 号小型越野客车沿建设路由南向北行驶，行驶至城建小区东门处时，被执勤交警查获。经初查，宝×涉嫌醉酒后驾驶机动车，遂将其带至××××市公安局交通管理大队进一步调查。

三、鉴定过程

检验日期：2023 年××月××日至 2023 年××月××日。

检验地点：法大法庭科学技术鉴定研究所。

检验依据：《血液酒精含量的检验方法》（GA/T 842-2019）。

检验设备：Varian CP3800 气相色谱仪。

检验过程：取 2023××39JC1 样品 0.1 mL，加入 0.5 mL 叔丁醇内标溶液（40μg/mL），混合均匀，使用 Varian CP3800 气相色谱仪气相色谱/火焰离子化检测法（GC/FID）进行血液中乙醇成分的定量分析。

四、鉴定意见

标注为"宝×"的血液样品（2023××39JC1）中含有乙醇成分，其浓度为 91mg/100mL。

案例二（毒物检测）

一、基本情况

委托人：北京市公安局××分局××派出所。

委托日期：2023 年××月××日。

鉴定材料：标注为"王×尿液"的尿液样品，本所编号为 2023××43JC1。

委托事项：对2023××43JC1进行苯丙胺类毒品的定性分析。

二、基本案情

2023年××月××日，嫌疑人王×涉嫌吸毒。

三、鉴定过程

检验日期：2023年××月××日。

检验地点：法大法庭科学技术鉴定研究所。

检验依据：SF/T 0116-2021和SF/Z JD0107019-2018。

检验设备：岛津LC/MS-8045型液相色谱质谱联用仪（LC/MS）。

检验过程：取2023××43JC1检材适量，经有机溶剂提取后，使用岛津LC/MS-8045型液相色谱质谱联用仪（LC/MS）对样品进行苯丙胺、甲基苯丙胺、3,4-亚甲双氧甲基苯丙胺、3,4-亚甲双氧苯丙胺和麻黄碱成分的定性分析。

四、鉴定意见

经检验，从标注为"王×尿液"的尿液样品（2023××43JC1）中检出苯丙胺、甲基苯丙胺和麻黄碱成分。

由此类鉴定标准体量及上述案例可见，法医毒物鉴定，从程序到操作，再到鉴定意见的得出，对标准的依赖性都很强。

第三节 物证类鉴定标准的具体应用

3.1 交通事故鉴定常用标准目录

表12-3-1 交通事故鉴定常用标准

序号	标准名称与编号
1	《道路交通事故处理程序规定》公安部令第146号

续表

序号	标准名称与编号
2	《道路交通事故痕迹鉴定》GA/T 1087-2021
3	《道路交通事故痕迹物证鉴定通用规范》SF/T 0072-2020
4	《道路交通事故现场勘查照相》GA/T 50-2019
5	《道路交通事故现场痕迹物证勘查》GA/T 41-2019
6	《道路交通事故车辆速度鉴定》GB/T 33195-2016
7	《基于视频图像的车辆行驶速度技术鉴定》GA/T 1133-2014
8	《事故汽车修复技术规范》JT/T 795-2011
9	《机动车运行安全技术条件》GB 7258-2017
10	《道路交通事故机动车驾驶人识别调查取证规范》GA/T 944-2011
11	《电动自行车安全技术规范》GB 17761-2018
12	《便携式制动性能测试仪》GB/T 28945-2012
13	《基于视频图像的道路交通事故信号灯状态鉴定规范》SF/T 0073-2020
14	《道路交通事故车辆安全技术检验鉴定》GA/T 642-2020
15	《汽车事件数据记录系统》GB 39732-2020
16	《车辆火灾痕迹物证鉴定技术规范》SF/T 0100-2021
17	《道路交通事故车辆速度鉴定方法 第2部分：基于汽车事件数据记录系统》GA/T 1999.2-2022
18	《道路交通事故非机动车制动系统检验鉴定规范》SF/T 0159-2023
19	《基于图像的道路交通事故重建技术规范》SF/T 0160-2023
20	《道路交通事故汽车行车制动性能路试检验鉴定技术规范》SF/T 0161-2023
21	《道路交通事故涉案者交通行为方式鉴定规范》SF/T 0162-2023

3.2 交通事故鉴定案例应用（节选）

一、基本情况

委托单位：××交通支队事故处理中队。

委托事项：确定小型普通客车（京××××××）与电动自行车（冀×××××××）事发时的行驶速度。

受理日期：2024年××月××日。

鉴定材料：

1. 道路交通事故现场图；

2. 现场图补充说明；

3. 现场照片；

4. 小型普通客车（京××××××）及其车辆信息；

5. 电动自行车（冀×××××××）；

6. 监控录像一（名称：略）、监控录像二（名称：略）、监控录像三（名称：略）；

7. 案件其他相关材料。

鉴定材料为委托单位提供。

二、基本案情

2024年××月11日××时××分，在北京市××区××路与××路交叉口，小型普通客车（京××××××）与电动自行车（冀×××××××）发生道路交通事故。

三、鉴定过程

鉴定依据：

SF/T 0072-2020；

GB/T 33195-2016；

GA/T 1133-2014；

GA/T 1087-2021；

GA/T 41-2019;

GA/T 50-2019。

对鉴定材料 1—3 进行检验：

现场位于北京市××区××路与××路交叉口，沥青路面。现场路面未留有两车制动痕迹。

对鉴定材料 4 进行检验：

小型普通客车（京××××××）前部右侧损坏（见附图××，略）。

经测量，小型普通客车（京××××××）右前轮中心至右后轮轮辋前边缘的距离 $l_{11} \approx 2.87 \text{m}$，右前轮中心至右后轮中心的距离 $l_{12} \approx 3.09 \text{m}$。

对鉴定材料 5 进行检验：

电动自行车（冀××××××）车体损坏。

对鉴定材料 6 中监控录像一进行检验：

文件名称：略。

文件格式：DAV。

文件大小：77.2 MB。

SHA-1 哈希值：××××××××××××FF4DB0D845B3DB0BCC57099797。

该录像帧率为 25 帧/秒，画面记录事故发生的过程。

对鉴定材料 6 中监控录像二进行检验：

文件名称：略。

文件格式：AVI。

文件大小：149.02 MB。

SHA-1 哈希值：××××××××××EBBF81C79656C5803BBB3D9BC1A。

该录像帧率为 25 帧/秒，画面远端记录事故发生的过程。

对鉴定材料6中监控录像三进行检验：

文件名称：略。

文件格式：AVI。

文件大小：147.06 MB。

SHA-1 哈希值：7D35DA17933ADCBA6CCE984××××××××× ×30F4B3C。

该录像帧率为25帧/秒，画面远端记录事故发生的过程。

在鉴定材料6监控录像一画面中设置参照线2、参照线3（见附图×，略），经测量，参照线2至参照线3的距离 $l_2 \approx 5.06\text{m}$。

四、分析说明

1. 根据鉴定材料1—3计算小型普通客车（京××××××）与电动自行车（冀×××××××）的行驶速度。

小型普通客车（京××××××）与电动自行车（冀×××××××）在现场路面均未留有制动印迹，两车制动情况均无法确定，且事故过程中造成的能量转换无法量化计算，因此无法根据鉴定材料1—3计算小型普通客车（京××××××）与电动自行车（冀×××××××）的行驶速度。

2. 根据鉴定材料6计算小型普通客车（京××××××）与电动自行车（冀×××××××）的行驶速度。

综合分析鉴定材料6，监控录像一可最清晰反映两车运动的过程，可以选取有效参照物及参照距离，因此可根据监控录像一计算两车的行驶速度。

在监控录像一画面固定位置设置参照线1，画面显示时间"14：18：23"第10帧，小型普通客车（京××××××）右前轮中心位于参照线1位置；画面显示时间"14：18：23"第13帧，小型普通客车（京××××××）右后轮中心未到达参照线1位置，右后轮轮辋前边缘已通过参照线1位置（见附图×，略）；画面显示时间"14：18：23"第 10 帧至"14：18：23"第 13 帧所经历的帧数为 3 帧，即所用的时间 t_1 为：

$$t_1 = 3/25 \text{ s}$$

监控录像一画面显示时间"14：18：23"第 10 帧至"14：18：23"第 13 帧，小型普通客车（京××××××）的行驶距离 l 为：

$$l_{11} < l < l_{12}$$

监控录像一画面显示时间"14：18：23"第 10 帧至"14：18：23"第 13 帧，小型普通客车（京××××××）的行驶速度 v_1 为：

$$v_1 = l/t_1$$

解得：

$$86.1 \text{ km/h} < v_1 < 92.7 \text{km/h}$$

监控录像一画面显示时间"14：18：22"第 9 帧，电动自行车（冀×××××××）后轮与地面接触点位于参照线 2 位置；画面显示时间"14：18：22"第 22 帧，电动自行车（冀×××××××）后轮与地面接触点未到达参照线 3 位置；画面显示时间"14：18：22"第 23 帧，电动自行车（冀×××××××）后轮与地面接触点已通过参照线 3 位置（见附图×，略）。因此，电动自行车（冀×××××××）后轮与地面接触点通过参照线 2、参照线 3 的帧数为 13 帧—14 帧，即所用的时间 t_2 为：

$$13/25\text{s} < t_2 < 14/25\text{s}$$

电动自行车（冀×××××××）后轮与地面接触点通过参照线 2、参照线 3 的行驶速度 v_2 为：

$$v_2 = l_2/t_2$$

解得：

$$32.5\text{km/h} < v_2 < 35.1\text{km/h}$$

五、鉴定意见

1. 监控录像一画面显示时间"14：18：23"第10帧至"14：18：23"第13帧，小型普通客车（京××××××）的行驶速度高于86.1km/h，低于92.7km/h。

2. 监控录像一画面中电动自行车（冀×××××××）后轮与地面接触点通过参照线2、参照线3时，电动自行车（冀×××××××）的行驶速度高于32.5km/h，低于35.1km/h。

由此类鉴定标准体量及上述案例可见，交通事故类鉴定，鉴定意见的得出对标准的依赖性很强。

3.3 文件鉴定标准目录

表12-3-2　文件鉴定标准

序号	常用标准名称与编号
1	《文件鉴定通用规范》GB/T 37234-2018
2	《笔迹鉴定技术规范》GB/T 37239-2018
3	《印章印文鉴定技术规范》GB/T 37231-2018
4	《印刷文件鉴定技术规范》GB/T 37232-2018
5	《篡改（污损）文件鉴定技术规范》GB/T 37238-2018
6	《文件材料鉴定技术规范》GB/T 37235-2018
7	《特种文件鉴定技术规范》GB/T 37236-2018
8	《文件制作时间鉴定技术规范》GB/T 37233-2018
9	《文件上可见指印形成过程鉴定技术规范》SF/T 0102-2021
10	《文件相似性鉴定技术规范》SF/T 0103-2021
11	《手写电子签名笔迹鉴定技术规范》SF/T 0138-2023

续表

序号	常用标准名称与编号
12	《彩色激光打印复印文件暗记特征检验技术规范》SF/T 0140-2023
13	《文件上可见指印一次性捺印鉴定技术规范》SF/T 0141-2023
14	《文件上可见指印鉴定技术规范》SF/T 0142-2023

3.4 文件鉴定案例应用

一、基本情况

委托单位：北京××××××有限公司。

委托日期：2023年××月××日。

受理日期：2023年××月××日。

鉴定材料：1.检材：带有"李某某"签名的文件材料2页。①日期为"2011年12月15日"的《北京××××××开发有限公司第[3]届第[3]次股东会决议》1页（标识为JC1，见附件，略）；②日期为"2011年8月2日"的《北京××××××开发有限公司股东会议决议》1页（标识为JC2，见附件，略）。

2.样本：带有"李某某"签名的文件材料10份。①日期为"2010年12月14日"的《××××管理服务协议书》1份（标识为YB1，部分见附件，略）；②日期为"2007年11月10日"的《荣誉村民委托建房合同书（编号：172）》1份（标识为YB2，部分见附件，略）；③日期为"2015年9月23日"的《支票领用登记单》1页（标识为YB3，见附件，略）；④日期为"2015年10月20日"的《支出凭单》1页（标识为YB4，见附件，略）；⑤《2015年10月工资表》1页（标识为YB5，见附件，略）；⑥日期为"2015年11月"的《支票领用登记单》1页（标识为YB6，见附件，略）；⑦日期为"2015年12月11日"

的《支票领用登记单》1页（标识为YB7，见附件，略）；⑧日期为"2015年12月15日"的《支出凭单》1页（标识为YB8，见附件，略）；⑨日期为"2015年12月18日"的《支票领用登记单》1页（标识为YB9，见附件，略）；⑩日期为"2015年12月21日"的《支票领用登记单》1页（标识为YB10，见附件，略）。

委托事项：检材①②中的"李某某"签名与样本中的"李某某"签名是否出自同一人的笔迹。

二、基本案情

委托单位因需要，需对2011年12月15日《北京××××××开发有限公司第[3]届第[3]次股东会决议》和2011年8月2日《北京××××××开发有限公司股东会议决议》中的"李某某"签名是否为李某某本人笔迹进行笔迹鉴定，将该案委托至我所。

三、鉴定过程

本鉴定依据 GB/T 37234-2018、GB/T 37239-2018、GB/T 37238-2018，使用 Motic K700 体视显微镜对送检材料进行检验：

1. 对检材的检验：自然光下观察，检材①②中的"李某某"签名均为黑色字迹，经放大观察，签名笔画由黑色墨粉颗粒堆积形成，为复制形成，笔画比较清晰，特征反映比较明显，可以检验。

2. 对样本的检验：供比对的样本为自然样本，样本中的"李某某"签名为书写形成，书写速度中等，运笔正常，特征反映明显，可供比对。经比对，样本中的"李某某"签名笔迹特征稳定一致，没有本质性差异，为同一人书写。

3. 比对检验：将检材①②中的"李某某"签名分别与样本中的"李某某"签名进行比对检验，发现二者在书写风貌、相同字的结构特征、运笔形态及连笔动作等特征上存在差异。

四、分析说明

综合评断检材①②中的"李某某"签名与样本中的"李某某"签名,两者笔迹特征差异点数量多、价值高,属于本质性差异;没有本质性符合,特征总和反映了不同人的书写习惯。

五、鉴定意见

检材①②中的"李某某"签名与样本中的"李某某"签名不是出自同一人的笔迹。

由此案例可见,文件检验鉴定意见的得出,对标准有一定的依赖性。

3.5 微量物证鉴定标准目录

表 12-3-3 微量物证鉴定标准

序号	标准名称与编号
1	《刑事技术微量物证的理化检验 第1部分:红外吸收光谱法》GB/T 19267.1-2008
2	《刑事技术微量物证的理化检验 第2部分:紫外-可见吸收光谱法》GB/T 19267.2-2008
3	《刑事技术微量物证的理化检验 第6部分:扫描电子显微镜/X射线能谱法》GB/T 19267.6-2008
4	《刑事技术微量物证的理化检验 第7部分:气相色谱-质谱法》GB/T 19267.7-2008
5	《刑事技术微量物证的理化检验 第10部分:气相色谱法》GB/T 19267.10-2008
6	《刑事技术微量物证的理化检验 第11部分:高效液相色谱法》GB/T 19267.11-2008
7	《文件材料鉴定技术规范》GB/T 37235-2018

续表

序号	标准名称与编号
8	《油漆物证的检验方法 第2部分：红外吸收光谱法》GA/T 823.2-2009
9	《法庭科学玻璃物证的元素成分检验 扫描电镜/能谱法》GA/T 1418-2017
10	《法庭科学玻璃微粒折射率测定 油浸法》GA/T 1419-2017
11	《法庭科学常见火炸药组分检验 X射线衍射法》GA/T 1422-2017
12	《法庭科学塑料物证检验 红外光谱法》GA/T 1423-2017
13	《法庭科学合成纤维物证检验 红外光谱法》GA/T 1424-2017
14	《法庭科学煤油、柴油检验 溶剂提取 气相色谱/质谱法》GA/T 1425-2017
15	《法庭科学油漆物证的检验方法 第3部分：扫描电子显微镜/X射线能谱法》GA/T 823.3-2018
16	《法庭科学中圆珠笔字迹油墨的检验 气相色谱法》GA/T 1501-2018
17	《法庭科学 合成胶粘剂检验 红外光谱法》GA/T 1514-2018
18	《法庭科学 墨粉元素成分检验 扫描电子显微镜/X射线能谱法》GA/T 1519-2018
19	《法庭科学 黑火药、烟火药元素成分检验 扫描电子显微镜/X射线能谱法》GA/T 1520-2018
20	《法庭科学 塑料元素成分检验 扫描电子显微镜/X射线能谱法》GA/T 1521-2018
21	《法庭科学 墨粉检验 红外光谱法》GA/T 1701-2019
22	《法庭科学 化学纤维物证横截面形状检验 显微镜法》GA/T 1936-2021
23	《法庭科学 金属检验 扫描电子显微镜/X射线能谱法》GA/T 1938-2021

续表

序号	标准名称与编号
24	《法庭科学 电流斑检验 扫描电子显微镜/X射线能谱法》GA/T 1939-2021
25	《法庭科学 黑索金、太安和特屈儿检验 气相色谱-质谱法》GA/T 1940-2021
26	《法庭科学 重质矿物油检验 气相色谱-质谱法》GA/T 1941-2021
27	《法庭科学 硝化纤维素检验 红外光谱法》GA/T 1942-2021
28	《法庭科学 三硝基甲苯等6种有机炸药及其爆炸残留物检验 液相色谱-质谱法》GA/T 1944-2021
29	《法庭科学 常见无机炸药及其爆炸残留物检验 化学法》GA/T 1945-2021
30	《多光谱视频文件检验仪检验规程》SF/Z JD0201014-2015
31	《红外光谱法检验墨粉》SF/Z JD0203003-2018
32	《书写墨迹中9种挥发性溶剂的检测 气相色谱/质谱法》SF/Z JD0203004-2018
33	《微量物证鉴定通用规范》SF/Z JD0203006-2018
34	《纤维物证鉴定规范》SF/Z JD0203007-2018
35	《玻璃物证鉴定规范》SF/Z JD0203008-2018
36	《塑料物证鉴定规范》SF/T 0107-2021
37	《油漆物证鉴定规范》SF/T 0118-2021
38	《泥土检验 扫描电子显微镜/X射线能谱法》SF/T 0139-2023

3.6 微量物证鉴定案例应用

一、基本情况

委托单位：××市公安局公安交通管理局××交通支队××大队。

委托日期：2024年×月××日。

鉴定材料：

1. 京 AA26×× 小型轿车左前车门上提取的附着物，本所编号为 2024×12JC1；

2. 京 ABQ89×× 小型轿车右前车门上提取的白色漆片，本所编号为 2024×12JC2；

3. 上述送检材料取检电子版照片共计 7 张。

委托事项：2024×12JC1 与 2024×12JC2 进行成分比对检验。

二、检案摘要

据称，2024 年×月××日 11 时 10 分，在北京市××区××环内环主路××桥北出口北 500 米处，发生交通事故。

三、检验过程

检验日期：2024 年×月××日至 2024 年×月×日。

检验地点：××××鉴定所。

检验依据：GA/T 823.2－2009、GA/T 823.3－2018、SF/T 0118－2021。

检验设备：在 Zeiss Stemi DV4 体视显微镜下用手术刀分离提取所送检材，使用 Nicolet Continuμm 显微镜/Nicolet 6700 傅立叶变换红外光谱仪、FEI QUANTA 200 扫描电子显微镜/EDA× GENESIS ×射线能谱仪分别对所送检材进行检验。

四、结果及分析说明

经检验，所送 2024×12JC1 和 2024×12JC2 均为油漆，外观特征相似，其中，2024×12JC2 在显微镜下呈现二层结构，将 2024×12JC1 分别与 2024×12JC2 的二层物质进行比对分析。其中：

1. 2024×12JC1 的主要成分为丙烯酸聚氨酯树脂，其扫描电子显微镜/×射线能谱主要含有 C、O 等元素；

2. 2024×12JC2 第一层物质的主要成分为丙烯酸聚氨酯树脂，其扫描电子显微镜/×射线能谱主要含有 C、O 等元素；

3. 2024×12JC2 第二层物质的主要成分为丙烯酸聚氨酯树脂，其扫描电子显微镜/×射线能谱主要含有 C、O、Al、Si、Ti 等元素。

综上所述，2024×12JC1 与 2024×12JC2 的第一层物质的成分相同。

五、鉴定意见

京 AA26×× 小型轿车左前车门上提取的附着物（2024×12JC1）与京 ABQ89×× 小型轿车右前车门上提取的白色漆片（2024×12JC2）的第一层物质的成分相同。

由此案例可见，微量物证检验鉴定意见的得出，对标准有一定的依赖性。

第四节 声像资料鉴定标准的具体应用

4.1 声像资料与电子数据鉴定（常用）标准目录

表 12-4-1 声像资料与电子数据鉴定常用标准

序号	鉴定标准名称与编号
1	《声像资料鉴定通用规范》SF/T 0119-2021
2	《录音真实性鉴定技术规范》SF/T 0120-2021
3	《录音内容辨听技术规范》SF/T 0121-2021
4	《语音同一性鉴定技术规范》SF/T 0122-2021
5	《数字图像元数据检验技术规范》SF/T 0078-2020
6	《基于视频图像的道路交通事故信号灯状态鉴定规范》SF/T 0073-2020
7	《录像过程分析技术规范》SF/T 0124-2021

续表

序号	鉴定标准名称与编号
8	《人像鉴定技术规范》SF/T 0125-2021
9	《物像鉴定技术规范》SF/T 0126-2021
10	《录像真实性鉴定技术规范》SF/T 0123-2021
11	《电子数据复制设备鉴定实施规范》SF/Z JD0401001-2014
12	《电子数据司法鉴定通用实施规范》SF/Z JD0400001-2014
13	《数据库数据真实性鉴定规范》SF/Z JD0402002-2015
14	《破坏性程序检验操作规范》SF/Z JD0403002-2015
15	《电子数据证据现场获取通用规范》SF/Z JD0400002-2015
16	《计算机系统用户操作行为检验规范》SF/Z JD0403003-2015
17	《数字图像修复技术规范》SF/Z JD0302003-2018
18	《数字声像资料提取与固定技术规范》SF/Z JD0300002-2018
19	《电子数据存证技术规范》SF/T 0076-2020
20	《汽车电子数据检验技术规范》SF/T 0077-2020
21	《存储介质数据镜像技术规程》SF/T 0105-2021
22	《民用无人机电子数据鉴定技术规范》SF/T 0144-2023
23	《合成人脸图像鉴定技术规范》SF/T 0148-2023
24	《音像制品同源性鉴定技术规范》SF/T 0149-2023
25	《录音设备鉴定技术规范》SF/T 0150-2023
26	《录音处理技术规范》SF/T 0151-2023
27	《图像处理技术规范》SF/T 0152-2023
28	《图片真实性鉴定技术规范》SF/T 0153-2023
29	《照相设备鉴定技术规范》SF/T 0154-2023
30	《录像设备鉴定技术规范》SF/T 0155-2023
31	《电子邮件鉴定技术规范》SF/T 0156-2023

续表

序号	鉴定标准名称与编号
32	《移动终端电子数据鉴定技术规范》SF/T 0157-2023
33	《法庭科学 电子数据恢复检验规程》GB/T 29360-2023
34	《法庭科学 电子数据文件一致性检验规程》GB/T 29361-2023
35	《法庭科学 电子数据搜索检验规程》GB/T 29362-2023

4.2 声像资料及电子数据鉴定案例应用

案例一：

一、基本情况

委托人：北京市公安局××分局。

委托日期：2023年××月××日。

鉴定材料：

UPL DVD-R 光盘 1 张（本所唯一性编号为"2023-×× 送检光盘"），下称"送检光盘"（见附图1，略）。送检光盘中"6.14 ××× 打架"文件夹下存储的文件名称为"ch05_ 2022××××××.mp4"的录像文件，下称"检材录像"。

委托事项：对检材录像中的音频进行清晰化处理。

鉴定日期：2023年××月××日至2023年××月××日。

检验地点：本所。

二、检案摘要

略。

三、鉴定过程

1. 检验依据

SF/T 0119-2021 和《录音资料处理技术规范》（SF/Z JD0301003-

2015)。

2. 检验设备

声像鉴定工作站,其上装有江民速智版杀毒软件(引擎版本:16.0.0.100)、HashTools(版本:4.4)、MediaInfo(版本:21.03)、视侦通(版本:4.2)、Adobe Audition(版本:22.0)和阳宸Ⅳ-12智能语音工作站(版本:10.0)。

3. 检验过程

3.1 工作站杀毒

开启江民速智版杀毒软件,对声像鉴定工作站进行全盘扫描杀毒,未发现病毒。

3.2 录像采集及数据校验

将送检光盘连接至声像鉴定工作站,找到检材录像并将其采集至声像鉴定工作站。检验发现,检材录像源文件及其复制件的SHA-256哈希值一致,均为×××。

3.3 文件属性检验

检验发现,检材录像的文件格式为MPEG-PS,文件大小为627806208字节,时长约为20分47秒960毫秒;音频信号的采样率为8000赫兹,单声道录制。

3.4 音频信号提取

提取检材录像中的音频信号并将其保存为PCM wav格式的音频文件,下称"检材录音"。

3.5 清晰化处理

根据检材录音中干扰噪声的类型和特点对检材录音进行了不同程度的降噪处理,对强度过低的部分声音进行了信号放大等清晰化处理。将清晰化处理后的检材录音保存并命名为"检材录音_清晰化处理后.wav"。

四、分析说明

对检材录音进行了降噪和信号放大等清晰化处理;清晰化处理后,检材录音的听觉和声谱效果均有所改善(见附图××,略)。

五、鉴定意见

对检材录像中的音频进行了清晰化处理,处理结果见名称为"2023-××录音清晰化"的光盘内文件名称为"检材录音_清晰化处理后.wav"的音频文件(SHA-256哈希值为×××)。

案例二:

一、基本情况

委托人:××交通支队。

委托日期:2022年8月1日。

鉴定材料:

检材:

1. 道路交通事故现场图;

2. 现场图补充说明;

3. 关于××区××路与西×××路口交通信号控制状态的证明材料;

4. 清华同方DVD+R光盘1张(本所唯一性编号为"声像鉴字2022-78送检光盘"),下称"送检光盘"(见附图1,略)。送检光盘中存储的:

(1)文件名称为"936876××路与西××路交叉口北侧右 20220727 145500 20220727 150559.ts"的监控视频,下称"检材视频1";检材视频1画面中黄色箭头指向的北向南方向的人行横道信号灯,下称"目标人行横道信号灯"(见附图2,略)。

(2)文件名称为"936877××路与×××路交叉口南侧闯红灯_

20220727145517_ 20220727152024.dav"的监控视频,下称"检材视频2"。

(3)文件名称为"936879××路与×××路交叉口东侧左_20220727144929_ 20220727153003.dav"的监控视频,下称"检材视频3"。

(4)文件名称为"936896××路与×××路交叉口南侧卡口20220727145500 20220727 150559.ts"的监控视频,下称"检材视频4"。

(5)文件名称为"936913××路与×××路交叉口北侧人行相机20220727 145500 20220727 150559.ts"的监控视频,下称"检材视频5"。

样本:文件名称为"936913××路与西××路交叉口北侧人行相机 20220821 054000 20220821 054500.ts"的监控视频,下称"样本视频"。

委托事项:

1. 确定行人林某通过××市××区××路与西××路交叉口(下称"事故路口")西北侧人行步道路缘石南边缘时,其对应的北向南方向的目标人行横道信号灯的状态。

2. 确定行人林某踏入事故路口西侧人行横道时,其对应的北向南方向的目标人行横道信号灯的状态。

鉴定日期:2022年××月1日至2022年××月30日。

鉴定地点:本所、事故路口。

二、检案摘要

2022年7月27日,在××市××区××路与西××路交叉口(事故路口)西侧,小型越野客车(京N90×××)、小型越野客车(京QR8×××)与行人林某发生交通事故。

三、鉴定过程

1. 检验方法

SF/T 0073-2020、《图像资料处理技术规范》(SF/Z JD0302002-2015)、SF/T 0124-2021。

2. 检验设备

图像检验工作站，其上装有警用图像处理系统（版本：2.4）、Adobe Premiere Pro（版本：15.4）、HashTools（版本：4.4）、MediaInfo（版本：21.09）和视侦通（版本：4.2）。

3. 检验过程

3.1 视频采集

将检材视频1—5和样本视频采集至图像检验工作站，分别计算检材视频1—5和样本视频的SHA-256哈希值（见附表，略）。

3.2 对检材视频1—5的检验

略。

3.3 对样本视频的检验

检验发现，样本视频的文件类型为TS文件，文件大小为153385440字节，播放时长约为5分00秒；样本视频的视频信号的画面宽度为1920像素，画面高度为1080像素；样本视频的帧率显示为25帧/秒。观察发现，样本视频为现场监控视频，画面光线较亮，画面质量较好；样本视频画面记录了事故路口西北侧人行步道路缘石的位置和事故路口西侧人行横道西边缘的位置（见附图4，略）。

3.4 对检材视频5和样本视频的比较检验

对检材视频5和样本视频的画面进行比较检验发现，两段视频画面中对应位置处的道路标识、交通信号灯灯杆、道路指示牌、建筑物等固定物体的分布位置基本一致（见附图5，略）。因此，可根据样本视频画面中事故路口西北侧人行步道路缘石的位置和事故路口西侧人行横道西边缘的位置,确定检材视频 5 中事故路口西北侧人行步道路缘石的位置和事故路口西侧人行横道西边缘的位置(见附图 6,略)。

四、分析说明

通过对检材视频 1—5 进行检验可知,检材视频 5 记录了行人林某通过事故路口西北侧人行步道路缘石南边缘的运动过程,记录了行人林某踏入事故路口西侧人行横道的运动过程,记录了参考人行横道信号灯的变换过程,且根据样本视频能够确定检材视频 5 中事故路口西北侧人行步道路缘石的位置和事故路口西侧人行横道西边缘的位置。因此,可以根据检材视频 5 确定行人林某通过事故路口西北侧人行步道路缘石南边缘和踏入事故路口西侧人行横道时,其对应的北向南方向的目标人行横道信号灯的状态。

检验发现,检材视频 5 画面显示时间为"2022-07-27 14:58:34"第 2 帧(时刻 1),行人林某未通过事故路口西北侧人行步道路缘石的位置,此时事故路口参考人行横道信号灯的状态为红灯,且显示红灯剩余时间为 55 秒(见附图 7,略);检材视频 5 画面显示时间为"2022-07-27 14:58:36"第 3 帧(时刻 2),行人林某已通过事故路口西北侧人行步道路缘石的位置,此时事故路口参考人行横道信号灯的状态仍为红灯,且显示红灯剩余时间为 53 秒(见附图 8,略)。

根据鉴定材料 3 中事故路口交通信号灯配时信息可知,自检材视频 5 时刻 1(检材视频 5 画面显示时间为"2022-07-27 14:58:34"第 2 帧)至时刻 2(检材视频 5 画面显示时间为"2022-07-27 14:58:36"第 3 帧)的时间段,事故路口参考人行横道信号灯的状态持续为红灯,在此时间段内,事故路口目标人行横道信号灯的状态持续为绿灯。因此,行人林某通过事故路口西北侧人行步道路缘石南边缘时，其对应的北向南方向的目标人行横道信号灯的状态为绿灯（见附图9，略）。

检验发现，检材视频5画面显示时间为"2022-07-27 14：58：40"第16帧（时刻3），行人林某未踏入事故路口西侧人行横道西边缘，此时事故路口参考人行横道信号灯的状态为红灯，且显示红灯剩余时间为48秒（见附图10，略）；检材视频5画面显示时间为"2022-07-27 14：58：42"第1帧（时刻4），行人林某已踏入事故路口西侧人行横道西边缘，此时事故路口参考人行横道信号灯的状态仍为红灯，且显示红灯剩余时间为47秒（见附图11，略）。

根据鉴定材料3中事故路口交通信号灯配时信息可知，自检材视频5时刻3（检材视频5画面显示时间为"2022-07-27 14：58：40"第16帧）至时刻4（检材视频5画面显示时间为"2022-07-27 14：58：42"第1帧）的时间段，事故路口参考人行横道信号灯的状态持续为红灯，在此时间段内，事故路口目标人行横道信号灯的状态持续为红灯。因此，行人林某踏入事故路口西侧人行横道时，其对应的北向南方向的目标人行横道信号灯的状态为红灯（见附图12，略）。

五、鉴定意见

1. 行人林某通过事故路口西北侧人行步道路缘石南边缘时，其对应的北向南方向的目标人行横道信号灯的状态为绿灯。

2. 行人林某踏入事故路口西侧人行横道时，其对应的北向南方向的目标人行横道信号灯的状态为红灯。

案例三

一、基本情况

委托人：北京市公安局××分局。

委托日期：2023年××月23日。

鉴定材料：UPL DVD-R 光盘1张（本所唯一性编号为"2023-×× 送检光盘"），下称"送检光盘"（见附图1，略）。送检光盘中"6.14×××打架"文件夹下存储的文件名称为"ch05_2022××××××.mp4"的录像文件，下称"检材录像"。

委托事项：对检材录像中的音频进行清晰化处理。

鉴定日期：2023年××月23日至2023年××月27日。

检验地点：本所。

二、检案摘要

略。

三、鉴定过程

1. 检验依据

SF/T 0119-2021、《录音资料处理技术规范》（SF/Z JD0301003-2015）。

2. 检验设备

声像鉴定工作站，其上装有江民速智版杀毒软件（引擎版本：16.0.0.100）、HashTools（版本：4.4）、MediaInfo（版本：21.03）、视侦通（版本：4.2）、Adobe Audition（版本：22.0）和阳宸IV-12智能语音工作站（版本：10.0）。

3. 检验过程

3.1 工作站杀毒

开启江民速智版杀毒软件，对声像鉴定工作站进行全盘扫描杀毒，未发现病毒。

3.2 录像采集及数据校验

将送检光盘连接至声像鉴定工作站，找到检材录像并将其采集至声像鉴定工作站。检验发现，检材录像源文件及其复制件的 SHA-256 哈希值一致，均为×××。

3.3 文件属性检验

检验发现，检材录像的文件格式为 MPEG-PS，文件大小为 627806208 字节，时长约为 20 分 47 秒 960 毫秒；音频信号的采样率为 8000 赫兹，单声道录制。

3.4 音频信号提取

提取检材录像中的音频信号并将其保存为 PCM wav 格式的音频文件，下称"检材录音"。

3.5 清晰化处理

根据检材录音中干扰噪声的类型和特点对检材录音进行了不同程度的降噪处理，对强度过低的部分声音进行了信号放大等清晰化处理。将清晰化处理后的检材录音保存并命名为"检材录音_清晰化处理后.wav"。

四、分析说明

对检材录音进行了降噪和信号放大等清晰化处理；清晰化处理后，检材录音的听觉和声谱效果均有所改善（见附图2—3，略）。

五、鉴定意见

对检材录像中的音频进行了清晰化处理，处理结果见名称为"2023-24 录音清晰化"的光盘内文件名称为"检材录音_清晰化处理后.wav"的音频文件（SHA-256 哈希值为×××）。

由此三个案例可见，声像资料与电子数据鉴定意见的得出，对标准亦具有相当的依赖性。